VENDRE

... mais c'est très simple !

Nicolas Dugay • Ingrid Petitjean
Erika King-Soon • Laetitia Rudelle

VENDRE

... mais c'est très simple !

→ Principes et mécanismes de base
→ Mises en situation et exercices
→ Conseils pratiques

DUNOD

Éditorial : Laure Duclaud et Yaël Aouizrat
Fabrication : Maud Gilles
Préparation de copie : Claudia Mericskay
Mise en page : Nord Compo
Conception graphique : Studio Dunod
Couverture : Florie Bauduin

NOUS NOUS ENGAGEONS EN FAVEUR DE L'ENVIRONNEMENT :

PAPIER CERTIFIÉ

Nos livres sont imprimés sur des papiers certifiés pour réduire notre impact sur l'environnement.

Le format de nos ouvrages est pensé afin d'optimiser l'utilisation du papier.

Depuis plus de 30 ans, nous imprimons 70 % de nos livres en France et 25 % en Europe et nous mettons tout en œuvre pour augmenter cet engagement auprès des imprimeurs français.

Nous limitons l'utilisation du plastique sur nos ouvrages (film sur les couvertures et les livres).

11 rue Paul Bert, 92240 Malakoff
www.dunod.com

ISBN 978-2-10-086546-8

Les auteurs et autrices

Nicolas Dugay est directeur associé de PREFERA. Ancien directeur commercial et directeur général de société financière, il accompagne des entreprises et des dirigeants sur des sujets de performance. Il est l'auteur de quatorze ouvrages autour de la performance. Il anime des conférences sur cette thématique chez ses clients.

Ingrid Petitjean est directrice associée de PREFERA. Ancienne sportive de haut niveau en voile, elle est coach professionnelle spécialisée en préparation mentale. Elle s'intéresse particulièrement aux problématiques communes rencontrées par les champions, managers, commerciaux ou dirigeants dans leur recherche d'optimisation de la performance. Chargée de cours à l'université de Bourgogne, elle forme également des coachs à la préparation mentale et intervient en tant que formatrice et conférencière.

Erika King-Soon est directrice associée de PREFERA. Elle accompagne des entreprises et des dirigeants sur des sujets de performance. Elle possède en outre une expertise dans la transformation pédagogique de contenus complexes.

Lætitia Rudelle est consultante, formatrice. Son cœur d'activité est l'accompagnement des collaborateurs et des organisations en recherche d'excellence commerciale et/ou managériale. Quel que soit le domaine d'activité, elle plonge au sein des équipes afin de les remettre sur la voie de la croissance continue grâce à son expertise en conseil, formation et coaching.

Sommaire

Avant-propos

Les techniques de vente d'aujourd'hui sont-elles différentes de celles d'hier ? Poser la question, c'est déjà y répondre. La vente est une discipline complexe. On aimerait qu'elle soit rationnelle alors qu'elle est surtout émotionnelle. Les vendeurs, les commerciaux sont des sportifs *et* des personnes de théâtre. Le psychologue Mihály Csíkszentmihályi a longuement étudié ces métiers pour trouver le meilleur moyen d'être fluide dans la performance.

Nous accompagnons de nombreuses entreprises sur ces sujets dans différents secteurs : banque, assurance, immobilier, industrie mais aussi grande distribution ou encore santé et automobile. Il y a clairement des particularités spécifiques dans chacun d'entre eux. Pour autant, ce qui fait la performance en vente se fonde toujours sur les quatre mêmes piliers : les compétences techniques, les compétences relationnelles, la motivation et l'organisation.

À la fin des années 1980, les approches de vente ont été remises en question, révolutionnant l'état de cet art. Des entreprises comme IBM ou Xerox ont transformé la vision du sujet. Début 2010, d'autres études sur la relation commerciale ont enrichi les travaux des années 1980, avec l'apparition de méthodes type Challenger Sales.

Depuis, les techniques de vente ont bénéficié des apports des neurosciences et de la psychologie sociale pour accompagner la prise de décision client.

Plus récemment, l'explosion de la vente à distance, volontaire pour certains et contrainte pour d'autres avec la pandémie de Covid-19, a durablement modifié les notions de productivité commerciale, avec des entretiens plus courts et donc plus directs. Qu'elle soit au téléphone ou en visioconférence, la vente à distance a trouvé ses lettres de noblesse et demande des compétences complémentaires aux habituelles prises de contact, découvertes et autres *closing*.

L'addition de ces différentes approches permet de mieux performer durablement et plus simplement. Vous trouverez dans cet ouvrage une approche complémentaire à celle que vous utilisez. Certains points vont vous surprendre, et vous pourriez même désapprouver certains concepts et idées. C'est notre ambition car les meilleurs performers *se* challengent et *nous* challengent. Nous n'avons pas la prétention de livrer une méthode miracle, mais d'apporter de la valeur ajoutée permettant de développer vos compétences de quelques pourcents.

Un élément ne change cependant pas dans la vente : il s'agit du mental, terme nébuleux pour beaucoup d'entre nous mais indispensable, et dont doivent faire preuve les commerciaux et les vendeurs. Leurs métiers sont normalement faits de plus d'échecs que de succès. Être capable de repartir en conquête après le « non » d'un client est une compétence durable et indémodable. Nous nous sommes attachés à formaliser des méthodes en provenance du monde du sport professionnel pour travailler votre mental. Finalement, si un ou une sportive est capable de se concentrer en une seconde, d'accepter un échec ou encore d'assumer une pression forte, un commercial doit également pouvoir le faire.

Quant au titre de ce livre, s'il manque un peu d'humilité, il fait totalement sens avec notre vision du sujet. Nous pensons que les méthodes agressives dans les techniques de vente ne sont plus acceptables. Votre naturel, votre posture, votre relationnel sont vos meilleures techniques de vente. Vous préparer avec cet ouvrage renforcera votre pouvoir de vendre en appliquant des techniques validées sur de nombreux secteurs, parfois scientifiquement. La vente deviendra alors un jeu, facile et plaisant, où il est normal de perdre comme de gagner.

Bonne lecture !

Introduction

La fin des méthodes de vente classique

Au risque de choquer les principaux auteurs sur ces sujets, nous allons dire l'inverse de ce que nous publions depuis quinze ans dans nos ouvrages : il est temps de casser les étapes de la vente en les accélérant, voire en les inversant. Les traditionnelles phases de prise de contact, de découverte, etc., permettant d'arriver dans 90 % des cas à une proposition de valeur identique, ne servent plus votre cause. Votre interlocuteur a désormais toutes les cartes en main pour savoir ce dont il a envie – que cela soit une télévision pour un particulier, un contrat d'assurance pour un agent immobilier, un quintal de farine pour un boulanger ou encore une gamme de voitures pour un acheteur de flotte automobile. La préparation de l'achat de votre interlocuteur lui permet de connaître les contours de sa décision.

Pourquoi ne pas démarrer directement par vos trois propositions de valeur les plus puissantes (nous y reviendrons plus loin dans ce livre), en format flash de cinq minutes, et en faisant le lien avec les douleurs ressenties par vos principaux prospects ? Vos prospects ont en effet toujours des douleurs – un sujet de chiffre d'affaires, de marge, de *turnover*, de gestion du temps… – auxquelles votre offre doit répondre.

Vous savez pertinemment ce qui plaît ou déplaît dans votre offre, et ce que vous résolvez comme problèmes. Aller droit au but est une prise de risque appréciée des acheteurs, qui renforce votre autorité. Votre interlocuteur rebondira toujours sur une proposition faisant gagner du temps, de l'argent, et réduisant les risques. Rassurez-vous, il ne vous reprochera jamais d'avoir précisément ciblé son besoin et d'y répondre rapidement. Et il sera alors temps de repartir en découverte.

Cette capacité à montrer votre connaissance des enjeux du client assoit votre autorité et donc la confiance indispensable à toute relation commerciale.

Prenez des risques, innovez et cassez les routines commerciales ! Quand on fait comme avant, on obtient les résultats d'avant, au mieux... Qu'avez-vous fait cette année pour étonner vos clients et vos collaborateurs en matière de méthode commerciale ? Nous ne parlons pas ici de modifications subies mais d'approches proactives. Si vous ne vous challengez pas, l'empathie « destructrice » avec vos clients se traduira nécessairement par un « ce fournisseur/ce partenaire est moins bien qu'avant, il est moins proactif qu'avant », car le modèle de fidélité a tendance à descendre mécaniquement si vous n'innovez pas.

1 CHAPITRE

Persuader, c'est déjà « pré-suader »

« Pré-suader ? » N'y a-t-il pas une faute ? Eh bien non, aucunement ! Ce néologisme nous vient du docteur Robert Cialdini, spécialiste de la psychologie sociale et de l'influence. La « présuasion » est le terme expliquant que la persuasion débute bien avant les premiers mots exprimés sur le fond d'un sujet.

C'est d'ailleurs ce que Paul Watzlawick, éminent psychologue, sociologue et théoricien de la communication, a illustré par cette célèbre citation : « On ne peut pas ne pas communiquer. » En effet, avant même les premiers mots prononcés, votre corps, l'image que vous renvoyez, a parlé pour vous.

Nous n'irons pas jusqu'à dire que les mots que vous allez ensuite prononcer ne comptent pas, loin de là. D'ailleurs, la façon dont vous allez le faire aura également un impact fort.

Or notre intention, aussi positive soit-elle, n'est malheureusement pas toujours perçue comme telle. D'ailleurs, avez-vous déjà essayé de construire une posture, une voix qui correspondent vraiment aux attentes du plus grand nombre ? Nous parlons ici de « techniques » qui permettent d'atteindre cet objectif. Ce n'est pas si simple !

C'est pourquoi il est essentiel de prendre conscience de l'importance de l'ensemble des leviers de communication et de prendre le temps de bien se préparer avant un entretien.

1 | QUE DIT VOTRE IMAGE DE VOUS ?

De manière consciente, injuste, inconsciente, lorsqu'on voit votre photo sur Internet, on imagine des choses sur vous. Votre apparence physique a un impact sur votre future performance : c'est vrai et mesuré par des études dans le domaine du recrutement ; c'est également vrai dans le domaine de la vente.

Vous pouvez faire le test et évaluer la photo professionnelle d'une personne que vous ne connaissez pas, issue d'un compte LinkedIn par exemple, en vous posant les trois questions suivantes :

- Est-ce que cette personne me paraît compétente ?
- Est-ce que cette personne me paraît sympathique ?
- Est-ce que cette personne me donne envie de travailler avec elle ?

Si vous prenez une autre photo, vous constaterez que les éléments peuvent bouger alors que vous n'avez jamais parlé à ces personnes. C'est donc la même logique pour vous !

Il faut maîtriser l'effet de halo, un biais cognitif qui généralise une première impression positive ou négative. Todorov, chercheur à l'université de Princeton, a prouvé qu'on se faisait une impression sur quelqu'un en moins d'une seconde. Une seconde, c'est moins de temps qu'il ne vous en a fallu pour lire les deux mots « une seconde »…

> **MICHEL, COMMERCIAL GRANDS COMPTES**
>
> « Je ne m'étais jamais rendu compte de l'image renvoyée. Quand j'ai entendu et vu les notations des autres stagiaires, j'ai compris que j'apparaissais professionnel, puissant… mais peu sympathique. Ce fut une révélation pour moi ! »

2 | LE POIDS DU NON-VERBAL ET L'IDIOTE THÉORIE DES 7 %

Le fameux triangle des 3 V de Mehrabian, selon lequel 93 % de la communication passe par le vocal et le visuel (au détriment du verbal), n'a jamais existé ! Albert Mehrabian explique lui-même que son étude n'a jamais démontré ce fait. Il voulait établir l'importance de la congruence entre les 3 V : verbal, visuel et vocal. Sur son site internet, le psychologue explique ainsi : « Appréciation totale = 7 % d'appréciation verbale + 38 % d'appréciation vocale + 55 % d'appréciation faciale. Veuillez noter que cette équation et les autres équations concernant l'importance relative d'un message verbal et d'un message non verbal viennent d'expériences concernant la communication de sentiments et d'états d'esprit. À moins qu'une personne ne parle de ses sentiments ou de ses états d'esprit, ces équations ne sont pas applicables. »

Vous pouvez donc oublier ce postulat pourtant défendu depuis des dizaines d'années dans de nombreuses formations ou dans les livres. C'est aussi idiot que de dire qu'il y a un cerveau gauche et un cerveau droit, et que les techniques de vente doivent en tenir compte. Le professeur Hugues Duffau l'a brillamment démontré pour un article paru dans le magazine l'*Express*, paru en 2014. Il a révolutionné sa discipline en opérant des patients éveillés de tumeurs au cerveau, ce qui lui a permis de tester en direct le fonctionnement de cet organe. Cela ne veut pas dire qu'il n'y a pas des gens créatifs et d'autres plus rationnels, mais ce n'est pas une histoire de cerveau gauche ou droit.

Pour autant, notre idée n'est pas de prétendre que le vocal et le visuel ne pèsent rien, comme nous allons le voir.

3 | LA POSTURE ? UNE HISTOIRE DE PEST

LA PEST

Avant l'entretien à proprement parler, il vous faut travailler sur d'autres éléments tels que la PEST (posture, élocution, sourire et tonalité). La grande question est en effet de savoir comment vous serez perçu par votre interlocuteur à la fin de l'entretien. Quelle note pourrait-il attribuer à votre PEST ? Le fond est évidemment le plus important, mais « comment vous le dites » est quasi aussi important que « ce que vous dites ».

Si Albert Mehrabian estime que la PEST vaut 50 % du message, il est légitime de se concentrer individuellement sur sa PEST. Mais qu'est-ce que la posture, en réalité ? Faut-il entendre le sens premier du mot, c'est-à-dire la posture physique, la façon de se tenir, debout, assis ? Ou s'agit-il d'une attitude, d'une manière d'être ? C'est évidemment la seconde définition qui nous intéresse, mais elle découle mécaniquement de la première – souvenez-vous de l'effet de halo évoqué précédemment.

SOPHIE, CONSEILLÈRE BANCAIRE

« Avant chaque entretien, je me pose la question du message que je veux envoyer à mon prospect ou à mon client. Comment apparaître physiquement comme sympathique et compétente ? Cela passe par le sourire de départ, la poignée de main, les premiers mots, la façon de bouger mes mains, de m'asseoir ou de parler debout ; je visualise mentalement ce que voudrait voir mon prospect ou mon client. En revanche, si je sais que je dois annoncer une mauvaise nouvelle, j'adapte ma posture au sujet. Il serait idiot d'arriver avec un grand sourire pour annoncer une hausse de prix cinq secondes plus tard. La préparation de l'entretien passe aussi par cette phase mentale. »

Avant chaque entretien, il est donc essentiel que vous vous posiez la question suivante : quelle PEST voulez-vous envoyer ? Y penser, c'est déjà traiter le sujet.

L'AVIS DE DIMITRI REPÉRANT, COACH ET EXPERT DE L'INFLUENCE PAR LA VOIX

La réussite d'une vente se joue essentiellement sur la confiance que l'on donne : à une solution, à un produit ou à un service, et bien évidemment dans la vente tout cela passe par le biais de la voix du professionnel qui la fait. Il est donc primordial qu'un vendeur puisse transmettre avec sa voix un sentiment de confiance s'il veut réaliser son objectif : vendre.

Pour cela, il existe des techniques vocales.

Comprenez d'abord qu'il y a deux types de confiance à chercher :

1. La confiance relationnelle
   - Le client trouve le vendeur sympathique.
   - Le client sent que le vendeur est apte à l'écouter.
   - Le client a le sentiment de pouvoir avoir une relation fluide avec le vendeur et avec le service client par la suite.

2. La confiance dans la compétence
   - Le client a confiance dans le savoir et la compétence du vendeur.
   - Le client a confiance dans la qualité du produit ou du service qu'on lui vend.
   - Le client a confiance dans le fait que le produit ou le service répond exactement à son besoin.

Pour engendrer ces deux types de confiance, il y a deux types de voix différentes, avec des prosodies particulières.

■■■

1. La voix sympathique
Elle se caractérise par :
- un timbre moyen (pas trop sonore) ;
- plutôt dans les médiums ;
- une montée de la mélodie sur les finales (ou avant chaque respiration) ;
- un rythme dynamique (mais pas trop pressé) ;
- un débit mouvant, vivant.

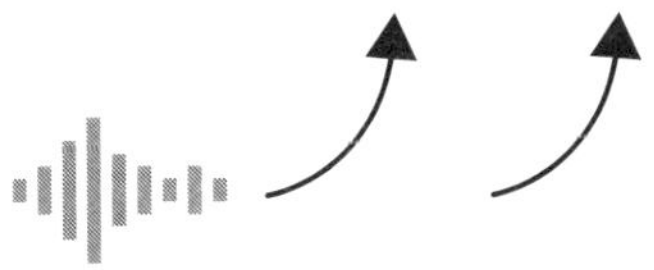

Et mon petit conseil en bonus : souriez en parlant. Même s'il n'est pas vu, votre sourire s'entendra dans votre voix ! Des études scientifiques ont prouvé que les vendeurs souriants sont perçus comme plus aimables, plus chaleureux, et aussi plus fiables.
Cette voix est donc parfaite pour créer du lien et engendrer de la confiance relationnelle, mais si vous la conservez dans la phase de présentation de votre offre ou de votre service, alors on ne vous prendra pas au sérieux.
Vous devez adopter une autre voix pour créer la confiance du client dans votre compétence.

2. La voix confiante
Elle se caractérise par :
- un bon timbre (sonore) ;
- plutôt dans les graves ;
- un rythme posé, tranquille ;
- un débit fluide ;
- une articulation claire (mais pas trop insistante) ;
- des silences réguliers ;
- et surtout, une descente nette de la mélodie sur les finales (ou avant chaque respiration) en accompagnant le son jusqu'au bout (quitte à faire un léger accent sur la finale).

Cette voix transmettra votre assurance quant à la qualité de votre service ou de votre produit, et engendrera un sentiment de confiance envers votre compétence et la qualité de ce que vous vendez.

LE CAS PARTICULIER DE LA VENTE À DISTANCE : LA DÉSPATIALISATION ET LE REÇU 5 SUR 5

L'expression « 5 sur 5 » vient des communications militaires et n'est pas une note sur 5 ! Les deux chiffres sont distincts : celui de droite évalue la clarté du message (le E de PEST) et celui du gauche le volume du message (qui est impacté par le E et le T de PEST). Si la transmission est évaluée à 2 sur 5, cela veut dire que le son est jugé à 2 sur 5 et la clarté du message à 5 sur 5. Malheureusement, c'est souvent l'inverse.

> **MHEDDY, MANAGER DANS UN CENTRE DE RELATION CLIENT**
> « Nous enregistrons les entretiens avec l'accord des clients, et lors de chaque réunion mensuelle, nous faisons un concours de 5 sur 5 pour élire le champion PEST par téléphone. Cette mécanique de *feed-back* fait progresser le collaborateur et le collectif. »

Depuis la crise de Covid-19, la vente à distance est devenue une nouvelle compétence à travailler. Mais finalement, est-ce que l'entretien de vente change réellement ? Oui, car la déspatialisation impose de nouvelles règles. Dans la *Revue française de gestion*[1], Laurent Taskin démontre qu'elle implique un découplage entre l'exercice de l'activité professionnelle et le lieu physique, les horaires de travail et les méthodes cadrées.

La déspatialisation a pour conséquence une baisse de la visibilité physique et donc l'impossibilité d'interagir en direct, *via* les cinq sens, avec les clients. Les études qui comparent la vente à distance et la vente en face-à-face sont claires :

- Les entretiens sont plus courts.
- La dynamique d'entretien en distanciel est parfois faible, par manque d'habitude et d'entraînement.
- Les fins d'entretiens sont moins cadrées qu'en face-à-face.

En définitive, les clients s'ennuient plus en distanciel qu'en présentiel.

En appliquant les méthodes de vente que nous vous proposons dans ce livre, notamment en début d'entretien avec la capacité à accrocher fort votre

1. Management et réseaux sociaux, *Revue française de gestion* 2010/3 (N°202), éditeur : Lavoisier – Article « La déspatialisation, Enjeu de gestion », Laurent Taskin.

client en posant ses enjeux sur la table – ou plutôt sur l'ordinateur –, vous pourrez déjà venir à bout du reproche majeur des acheteurs concernant ce canal de vente : l'absence de dynamique d'entretien.

Mais pour réellement réussir à se différencier de la concurrence, la préparation technique est essentielle. Le commercial doit savoir utiliser tous les outils distanciels : connaître les options, savoir mettre une photo en arrière-plan, utiliser un micro pour augmenter la qualité de la communication, être capable de jongler dans ses présentations *via* le partage d'écran. Bref, cette nécessaire agilité demande des efforts d'entraînement et une formidable capacité de concentration.

> **SOFIANE, CONSEILLER BANCAIRE ENTREPRISE**
>
> « Au début de la crise de Covid, j'avais regardé une vidéo de Michael Aguilar, célèbre conférencier, qui disait que l'un des avantages de la vente à distance en visio était le fait d'avoir des antisèches devant vous. Le Covid faisait de nous un commercial en vidéo. Au début, je souffrais pour jongler entre l'outil de visio et la présentation de mon produit. Puis j'ai trouvé la solution : je facilite ma concentration en plaçant mes propres scripts devant mes yeux. Mon client ne le voit pas. Je peux donc me concentrer sur ma PEST tout en partageant l'écran, ou en utilisant le chat pour répondre à certaines questions. »

En résumé, les entretiens à distance sont bien différents d'un point de vue technique… mais les techniques de vente que nous vous proposons dans cet ouvrage sont toujours valables !

CHAPITRE 2 — Commencer l'entretien de vente

Pour introduire ce chapitre, nous aimerions ouvrir une parenthèse sur le mode de fonctionnement de notre cerveau et, plus particulièrement, sur les mécanismes qui s'opèrent en premier chef lorsque nous devons prendre une décision.

Sans revenir sur les différentes théories portant sur le cerveau humain qui se sont succédées depuis les années 1950, nous savons néanmoins aujourd'hui que la partie la plus ancienne de notre cerveau, le cerveau primitif, est calibrée pour assurer notre sécurité. Ce dernier est étroitement lié à notre cerveau limbique et, plus particulièrement à l'amygdale, pierre angulaire de la peur. Ainsi, lorsque notre cerveau protecteur perçoit une menace, il doit, en quelques secondes, décider de l'action la plus adéquate pour nous maintenir en vie : combattre, fuir ou ne rien faire.

Évidemment, les menaces d'aujourd'hui ne sont plus celles de nos ancêtres et sont bien plus subtiles. Dans le cas de nos clients elles tournent autour des pertes de parts de marché, des diminutions de trafic, des solutions plus performantes des concurrents etc.

Cela n'empêche, les réactions de notre cerveau seront toujours les mêmes : combattre, fuir, ne rien faire ou… vous suivre. Vous suivre si vous êtes capable de justement lui éviter cette menace perçue.

Alors, après avoir bien préparé votre PEST, vous allez pouvoir vous plonger dans votre entretien de vente en exploitant cette fonction ancestrale de notre cerveau primitif : éviter les menaces, à savoir, pour vos clients, surmonter leurs enjeux du moment.

Apprenez à aller droit au but tout en écoutant bien (y compris son non verbal) vos clients.

1 | L'EFFET BARNUM IMPOSE LA MÉTHODE ESG

QU'EST-CE QUE L'EFFET BARNUM ?

Connaissez-vous l'effet Barnum ? Nous vous proposons de lire le texte suivant et de vous demander s'il vous correspond bien.

« Vous avez besoin d'être aimé et admiré, et pourtant vous êtes critique avec vous-même. Vous avez certes des points faibles dans votre personnalité, mais vous savez généralement les compenser. Vous avez un potentiel considérable que vous n'avez pas encore utilisé à votre avantage. À l'extérieur, vous êtes discipliné et vous savez vous contrôler, mais à l'intérieur, vous tendez à être préoccupé et pas très sûr de vous-même. Parfois, vous vous demandez sérieusement si vous avez pris la bonne décision ou accompli ce qu'il fallait. Vous préférez une certaine dose de changement et de variété, et devenez insatisfait si l'on vous entoure de restrictions et de limitations. Vous vous flattez d'être un esprit indépendant ; et vous n'acceptez l'opinion d'autrui que dûment démontrée. Vous avez trouvé qu'il était maladroit de se révéler trop facilement aux autres. Par moment vous êtes très extraverti, bavard et sociable, tandis qu'à d'autres moments vous êtes introverti, circonspect et réservé. Certaines de vos aspirations tendent à être assez irréalistes. »

Si nous vous demandions de noter ce texte de 0 à 5 afin de valider qu'il correspond bien à votre personnalité, quelle note y attribueriez-vous (5 correspondant à un sentiment de total accord avec le texte) ?

Cette expérience a été menée par le professeur Bertam Forer en 1948. Il a fait alors passer à ses étudiants de l'université un faux test de personnalité et leur a envoyé à tous le même texte supposé être leur résultat personnalisé. Or, ce texte, que vous venez de lire, est en fait une compilation de plusieurs horoscopes ! Le plus étonnant c'est qu'il a obtenu une évaluation moyenne de 4,26 concernant sa pertinence auprès des élèves. Les résultats de cette expérience, reproduite des centaines de fois au cours des décennies suivantes, ont été confirmés avec des notes analogues (environ 4,2 en moyenne) et avec un écart-type très étroit.

Cette expérience prouve qu'on peut écrire ou dire des choses qui conviennent au plus grand monde. L'effet Barnum est un biais cognitif qui nous amène à penser qu'une vague description de notre personnalité s'applique précisément à nous-même.

En ciblant bien votre texte ou votre message, vous pouvez réussir à prouver à un client que vous connaissez bien ses enjeux, son marché et ses besoins. C'est là qu'intervient l'effet Barnum dans l'entretien de vente.

Comme nous vous le disions dans l'introduction, vous pouvez démarrer l'entretien avec vos trois propositions les plus puissantes, en quelques minutes seulement, en faisant le lien avec les problématiques de vos prospects.

Vous êtes tout à fait conscient de ce qui plaît ou non dans votre offre et de ce que vous pouvez résoudre comme problèmes. En énonçant tout de suite vos propositions fortes, vous prenez un risque qui séduit les clients et renforce votre autorité. Votre interlocuteur rebondira toujours sur une proposition faisant gagner du temps, de l'argent, et réduisant des risques. Il ne vous reprochera jamais d'avoir ciblé son besoin et d'y répondre rapidement. Vous pourrez continuer sur votre lancée quand il aura validé l'une de vos idées.

Et s'il vous répond « non » ? Eh bien, puisque vous aurez préparé l'entretien avec la méthode ESG, qui fait vraiment état de vos différences sur votre marché et dont nous allons parler maintenant, vous pourrez partir du principe que cela n'aurait pas fonctionné non plus avec une méthode de vente traditionnelle.

LA MÉTHODE ESG

Quand on parle de préparation d'entretien, cela suppose évidemment la recherche d'éléments précis sur l'entreprise, le client, l'analyse du CRM, des entretiens précédents s'ils existent… Tout cela est juste et c'est le minimum vital pour la préparation. Le niveau supérieur de préparation, celui qui va vous permettre d'augmenter votre taux de transformation, c'est la préparation de votre début d'entretien avec la méthode ESG – enjeu, solution, gain – qui va vous permettre de mettre au point des accroches.

La construction d'accroches ESG se réalise en trois temps, en répondant à ces trois questions :

1. Quels sont les enjeux de vos prospects/clients ?
2. Quelle est votre offre pour traiter ces enjeux ?
3. Quelles sont vos preuves chiffrées démontrant son efficacité ?

Cette dernière étape est souvent la plus délicate, mais c'est aussi la plus puissante. C'est cette accroche mesurée qui donne envie à votre interlocuteur de vous relancer sur le sujet.

Prenons l'exemple d'un pharmacien. Vous pourriez lui dire : « Je viens vous voir pour mieux vous connaître et comprendre vos besoins. »

Ou, avec la méthode ESG, vous pouvez aborder les choses autrement :

- Enjeu : « Nous nous sommes aperçus que l'une des grosses difficultés des pharmaciens, c'était la place dans l'officine. »
- Solution : « Nous avons donc imaginé un présentoir de produits qui… »
- Gain : « … Cela permet de doubler le nombre de produits présentés tout en utilisant la même place qu'auparavant. Ingénieux, non ? Nous savons tous que plus il y a de produits présentés, plus il y a de ventes. Qu'en dites-vous ? »

Prenons maintenant l'exemple d'un client bancaire. Vous pourriez lui dire : « Je voulais vous voir pour faire un point, et notamment comprendre vos besoins en matière de retraite. »

Ou, avec la méthode ESG, vous pouvez aborder les choses autrement :

- Enjeu : « Nous nous sommes aperçus que l'une des grosses difficultés de nos clients, c'était la forte baisse de revenu lors du départ en retraite alors que les études des enfants n'étaient pas tout à fait terminées. »
- Solution : « Nous avons donc imaginé un produit d'épargne permettant de faire un effort chaque mois pour éviter un gros effort à la retraite. »
- Gain : « Cela garantit une rente à la retraite qui permet d'aborder sereinement ce moment de vie important. Qu'en dites-vous ? »

Quand nous parlons d'inverser les méthodes de vente traditionnelles, nous pensons notamment à cette méthode ESG ; votre entretien ne démarrera plus par une présentation lénifiante, le fameux pitch : « Alors, nous sommes aujourd'hui l'un des leaders de notre marché, avec 387 000 clients et une présence internationale… » Désormais, votre entretien passera par cette phase pour donner envie d'aller plus loin : « Écoutez, si vous en êtes d'accord et puisque j'ai sollicité et préparé ce rendez-vous, je vous propose de vous présenter en trois minutes trois solutions qui pourraient répondre à l'un de vos besoins/enjeux. Si l'un de ces sujets retient votre attention, je suis certain que vous ne manquerez pas de me le dire. »

Quand vous aurez réellement « donné envie » à votre interlocuteur, et seulement à ce moment-là, vous repartirez en phase de découverte. Enfin, dernier argument en faveur de la méthode ESG : c'est une formidable technique pour traiter les objections car, à chacune d'entre elles, elle vous permet de rassurer votre prospect en revenant sur son enjeu.

2 | LA PHASE DE DÉCOUVERTE NE SERT À RIEN… DANS UN LIVRE !

ÉCOUTER : UNE QUESTION D'OUVERTURE

Faut-il écouter nos interlocuteurs ? Oui.

Faut-il poser des questions ? Oui.

Est-ce difficile ? Non, pas si nous mettons notre ego de côté !

Dans le livre *Le Superpouvoir de l'influence*[1] de Zoe Chance, une étude met en lumière le fond du problème de l'écoute. Elle propose à des membres d'un groupe de répondre à des questions sur d'autres personnes en étant rémunérés, ou de répondre à des questions sur eux-mêmes gratuitement. Les gens préfèrent la seconde option : l'individu aime bien parler… et surtout parler de lui, de son entreprise, de ses produits et de ses services.

Nous allons donc aborder ici une donnée essentielle, si ce n'est la plus importante et même impactante dans les relations commerciales en face-à-face ou à distance : la phase d'écoute.

Cependant, nous ne vous livrerons pas une analyse profonde de cette question, car nous ne croyons plus du tout aux méthodes ou aux formations sur l'écoute ! Questions ouvertes, questions fermées, reformulation, méthode CQQCOQP (comment, quand, qui, combien, où, quoi, pourquoi ?)… Toutes ces techniques sont justes, mais la réalité nous montre que ce sujet est plus une question de volonté, de mental « ouvert » que de techniques.

Car tout le monde sait un minimum écouter. Souvenez-vous de votre premier repas amoureux : les partenaires se posent des questions et s'écoutent.

1. Les Éditions de l'Homme, 2022.

Et le lendemain de ce premier échange, on a le sentiment de connaître l'autre depuis des années. Pourquoi ? Simplement parce que chacun a respecté l'autre et l'a écouté.

« Il y a peu de secteurs d'activité dans lesquels poser des questions est plus important que dans celui de la vente », selon Alison Wood Brooks et Leslie K. John, professeures à Harvard et autrices d'un article paru dans le magazine *Harvard Business Review*[1]. Elles ont démontré que lorsque les gens font connaissance, ceux qui posent le plus de questions sont les plus appréciés.

Nous l'affirmons donc : dans 90 % des cas, les gens savent qu'il faut écouter. Si le vendeur ne met pas en œuvre cette phase majeure pour comprendre le besoin de son interlocuteur, il augmente ses chances d'échecs, tout simplement. Une fois qu'il connaît l'adage : « Plus j'écoute, plus je vends », il sait quoi faire.

Est-ce qu'un joueur de tennis joue avec une raquette de ping-pong ? Est-ce qu'un nageur de crawl en compétition se met à faire de la brasse ? Non. Un bon commercial doit donc savoir poser des questions sans tomber dans l'interrogatoire de police, et écouter les réponses jusqu'au bout. Et rappelez-vous cet autre adage : « Écouter, c'est ne pas savoir ce qu'on va dire tant que l'autre n'a pas fini sa phrase. »

LES TECHNIQUES DE QUESTIONNEMENT

Il y a cinq grandes étapes à maîtriser sur les techniques de questionnement.

1. Poser les questions les plus ouvertes possible

En *B to B* :

- Racontez-moi votre projet.
- Racontez-moi votre entreprise.
- Racontez-moi comment je pourrais satisfaire à votre demande.
- Comment voyez-vous votre entreprise dans trois ans ?

1. 2018, Mai-juin, « The Surprising Power of Questions, It goes far beyon exchanging information », Alison Wood Brooks et Leslie K. Jon, *Harvard Business Review*, Managing People.

– Comment puis-je améliorer votre process existant ?

– Comment pourrais-je « louper » mon approche ?

– Pourquoi ce projet est-il si important pour vous ?

En *B to C*, vous pouvez adapter ces questions à votre produit. Voici des exemples pour un conseiller bancaire ou un agent d'assurance :

– Comment voyez-vous votre retraite ?

– Comment avez-vous protégé vos proches en cas de malheur ?

– Comment avez-vous validé que vous êtes couvert à 100 % en assurance maison, voiture, de personnes ?

Il est probable que vous obteniez une bonne partie des informations *via* ces questions. Il faut néanmoins affiner.

2. Poser ensuite les questions les plus fermées possible, pour cadrer le besoin

– Quelle serait la date idéale de lancement ?

– En dehors de vous, qui décide pour ce choix ?

– Avez-vous sollicité d'autres prestataires ?

– Quel budget souhaitez-vous investir ?

3. Trouver sa question magique

Chacun doit réfléchir à sa question magique, c'est-à-dire la question systématique qu'il va poser à la fin de sa phase de découverte. Cette question doit être une forme de signature relationnelle qui oblige votre interlocuteur à réfléchir. Patrick King, spécialiste de la psychologie sociale, propose cette question : « Quel est le but que vous vous fixez et quelle est la chose que vous cherchez le plus à éviter ? »

4. Reformuler ce que l'on a compris pour synthétiser la pensée de son interlocuteur, comprendre ses motivations d'achat et préparer son offre

La notion de « motivation d'achat » est essentielle et répond au QIPM de votre client – « Quel intérêt pour moi ? » – d'acheter votre offre ou votre produit.

La motivation est ce qui pousse à agir : votre client aura envie d'agir s'il voit son intérêt dans la solution que vous lui proposez, dans votre offre. Savez-vous répondre à cette question majeure : quelle est votre création de valeur ? Ce peut être l'une des suivantes :

- Vous faites gagner de l'argent.
- Vous faites gagner du temps.
- Vous évitez un risque.
- Vous simplifiez un process.
- Vous valorisez votre interlocuteur.
- Vous donnez du plaisir.

Les motivations d'achat du client sont regroupées autour de quatre mots : facilité, appartenance, calcul et émotions. On appelle cela le FACE.

- Facilité : « Je veux simplifier mon process, je veux gagner du temps, je ne veux pas d'ennuis. »
- Appartenance : « Je veux être rassuré par la solution choisie par le plus grand nombre, je veux faire partie d'un club ou d'un cercle fermé. Je veux une solution qui respecte une démarche RSE (responsabilité sociétale des entreprises). »
- Calcul : « Je veux une solution qui me fait gagner de l'argent, je veux une solution qui me fait perdre moins d'argent. »
- Émotions : « Je veux une solution qui brille, je veux une solution innovante, je veux être le premier, je veux la dernière nouveauté. »

Si vous pensez à votre dernier achat (une maison, un stylo, une voiture, un pantalon…), pourquoi l'avez-vous fait ? Vous voyez, vous savez répondre. Lors de vos dernières ventes, quels étaient les motivations de votre client ?

5. Préparer son prochain entretien avec une question interronégative, qui fait gagner dans 100 % des cas

« Je ne vous ai jamais parlé de notre produit X/24 ? »

La réponse sera forcément « non ».

« Je ne sais pas si vous souhaitez que je vous présente la dernière évolution qui vous fait gagner X % ou vous évite de perdre X % ? »

La réponse sera forcément « oui ».

Dans les deux cas, vous pourrez rebondir sur votre prochain échange sur le sujet.

Vous l'avez compris, nous allons nous concentrer sur les moments où vous devez parler, sachant que si les méthodes de vente traditionnelles ne fonctionnent plus, c'est parce que les clients n'acceptent plus les schémas d'entretien stéréotypés.

3 | JETER SON PITCH À LA POUBELLE

LE PITCH « UNIVERSEL » PLAÎT SURTOUT AU VENDEUR

Nous accompagnons de nombreuses entreprises dans la construction de pitch comme beaucoup de nos confrères. Le constat est souvent le même : le pitch fait surtout plaisir à celui qui le fait, plus qu'à celui qui l'écoute. Pourquoi ? Parce qu'il montre avant tout que le commercial représente la meilleure entreprise qui soit, et qu'il est évidemment le meilleur expert de son sujet.

Certains managers tentent de contourner le problème avec des présentations écrites, plus magnifiques les unes que les autres. Elles n'en sont pas moins également lénifiantes.

Nous ne disons pas qu'il n'est pas important pour votre interlocuteur de savoir que vous avez une usine au Brésil, un siège central à Lille et 750 collaborateurs. Nous exprimons juste un doute sur le QIPM du client à votre écoute : « Quel intérêt pour moi, client, d'écouter votre pitch ? En quoi est-il utile à mes besoins ? » Le pitch universel ne peut répondre à ces questions.

LES CLÉS D'UN BON PITCH

Chip et Dan Heath, les auteurs du livre *Ces idées qui collent*[1], ont analysé les caractéristiques de centaines d'idées à succès comme les légendes urbaines, les proverbes, les idées reçues… Ils ont acquis la conviction que les idées qui

1. Pearson, 2016.

« collent » partagent les mêmes caractéristiques clés, les mêmes principes. Pour démontrer cette conviction, ils partagent l'histoire suivante dans leur livre :

Vous ne devinerez jamais ce qui est arrivé au frère d'un de mes camarades de promotion.

Cet homme vit à New York, il travaille pour un grand cabinet d'avocats. Il doit se rendre à Atlanta pour un rendez-vous. Comme il lui reste du temps avant de reprendre son avion, il décide de s'arrêter dans un bar pour boire un verre.

Il vient de finir son verre quand une très belle femme l'aborde et lui propose de lui payer un autre verre. Très flatté, il accepte. Elle va chercher les boissons au bar et revient à sa table. Ils boivent. Après, c'est le trou noir !

Il se réveille, comateux, étendu dans une baignoire remplie de glace. Paniqué, il regarde autour de lui tout en essayant de se rappeler comment il est arrivé là.

Il y a un post-it collé sur le mur de la baignoire où est écrit : « Surtout ne bougez pas, téléphonez aux urgences. »

Il saisit le téléphone qui se trouve sur un tabouret et compose le numéro des urgences. Il explique sa situation à la standardiste qui ne manifeste aucune surprise et lui dit : « Passez votre main dans le bas de votre dos et dites-moi si vous sentez une sonde qui dépasse. »

Il le fait, et effectivement il sent que quelque chose est enfoncé dans son dos, mais cela ne lui fait pas mal (c'est vrai qu'il est tout engourdi à cause de la glace dans laquelle il est).

« Surtout ne paniquez pas, Monsieur, vous êtes victime d'un réseau de trafiquants d'organes, on vient de vous enlever un rein… Ne bougez pas, l'ambulance arrive. »

Vous venez de lire la légende du rein volé. Est-ce que vous allez vous souvenir de cette histoire durablement ? Oui, elle est « collée » dans votre cerveau.

Pour qu'une histoire reste ainsi dans votre tête, elle doit répondre à six principes :

1. L'histoire doit être simple, on doit la comprendre immédiatement.
2. L'histoire doit être inattendue, surprendre, vous différencier des concurrents.
3. L'histoire doit être concrète et en lien avec ce que vous faites, ce que vous cherchez.

4. L'histoire doit être crédible, portée par des preuves, des résultats, des références.
5. L'histoire doit transmettre une émotion car c'est l'émotion dont on se souvient le plus dans la vie.
6. L'histoire… doit justement être racontée comme une histoire, avec un début, un milieu et une fin.

Il en va de même du pitch. En synthèse, Chip et Dan Heath nous expliquent que nous devons valider que notre pitch coche toutes les cases suivantes :

- Simple
- Inattendu
- Concret
- Crédible
- Émotion
- Histoire

Alors, validez-vous votre propre pitch ? Si non, nous vous proposons de le retravailler en répondant à l'écrit à ces trois questions. À la fin de votre pitch :

1. Que voulez-vous que votre interlocuteur sache ?
2. Que voulez-vous que votre interlocuteur retienne ?
3. Que voulez-vous que votre interlocuteur fasse ?

Cette étape vous permettra de savoir ce qui est vraiment indispensable à votre pitch de démarrage. Il est fort peu probable que le fait d'avoir une usine au Brésil, un siège central à Lille et 750 collaborateurs intéresse grandement votre interlocuteur.

3 CHAPITRE
Les objections

Revenons sur notre cerveau et notamment cette notion de peur, une émotion, éprouvée face aux menaces potentielles et les comportements associés de combat, fuite ou soumission (je me soumets à l'instant en disant oui mais je ne fais rien par la suite). Cette défense instinctive, quelle qu'elle soit, s'énonce également sous la forme d'objections : « je vais réfléchir » (fuite), « Vous êtes trop cher » (combat), « D'accord mais pas tout de suite » (soumission).

Et, il n'est pas si simple de traiter une émotion. Avez-vous déjà essayé de dire à quelqu'un en colère de se calmer ? Que se passe-t-il en général ? Se calme-t-il ? Prend-il bien cette injonction ?

La plupart du temps, une réaction instinctive s'opère : la colère décuple. Pourquoi ? Tout simplement parce que votre demande envoie le message inconscient suivant : « ta colère n'est pas justifiée, éteins-la ». Pas très agréable, n'est-ce pas ?

C'est pourquoi, traiter une objection va bien au-delà d'apporter une réponse rationnelle. Il convient d'abord de comprendre la peur consciente ou inconsciente, qui se cache derrière cette résistance. Comprendre la peur c'est être capable de la lever.

Il est également possible que vous ne soyez pas à l'aise et réagissiez par un comportement de défense face aux résistances de vos clients. Dans ce cas, il devient difficile de rester constructif dans vos échanges. C'est pourquoi, nous vous partagerons également dans ce chapitre des leviers pour vous préparer mentalement à rester assertif en toute circonstances.

1 | CES OBJECTIONS QUI BLOQUENT

Puisque ce livre est essentiellement consacré au moment où vous parlez, le sujet du traitement des objections est capital car c'est une compétence majeure. Ces objections peuvent arriver à tout moment : au début de l'entretien, au milieu, à la fin, mais elles sont souvent des pièges qui se referment sur le commercial quand celui-ci ne maîtrise pas pleinement l'exercice.

La lutte d'opinion n'est jamais bonne conseillère. Remémorez-vous pendant quelques instants une vente récente ou un repas avec des amis au cours duquel l'échange d'opinions a fait naître des tensions. Ces échanges peuvent enrichir une discussion, ou bien la rendre un peu « minable ». Et quand deux personnes contestent mutuellement leurs opinions de manière « minable », on arrive souvent à des échanges inter… minables ! Vous devez donc vous interdire ce type de relation avec des clients, même si certains d'entre eux sont pénibles.

QU'EST-CE QU'UNE OBJECTION ?

En saisissant le terme « objection » dans le moteur de recherche Google, on obtient 175 millions de pages de résultats ! Il semble donc, dans ces conditions, plus judicieux de revenir au traditionnel dictionnaire.

Le Centre national de ressources textuelles et lexicales[1] propose, pour le terme « objection », les définitions suivantes :

- « Ce que l'on oppose à une proposition. »
- « Argument opposé à une affirmation pour la réfuter. »
- « Raison que l'on oppose à une initiative, à une décision ou à une demande pour la repousser. »

Dans un procès, faire objection, c'est s'opposer à ce que soit prise en compte une question ou une argumentation de la partie adverse.

Il existe pléthore de synonymes du nom « objection » : opposition, contradiction, difficulté, réplique, réfutation, observation, critique, contre-pied, contestation, obstacle, reproche, remarque, etc.

1. Le CNRTL, créé en 2005 par le CNRS (Centre national de la recherche scientifique).

La première définition, « ce que l'on oppose à une proposition », est tout à fait claire pour les métiers commerciaux. Chacun doit immédiatement prendre conscience, en lisant ces lignes, qu'une objection est simplement une « opposition à une proposition », et non une critique, ni même un reproche. Tout homme doit avaliser le principe que « recevoir » une objection est un cadeau qui va l'aider à poursuivre le chemin de son objectif. En prenant du recul, vous pourriez même vous dire que les objections ne sont, en réalité, que des questions de votre interlocuteur.

Pour conclure sur cet aspect du sujet, posons-nous la question suivante : « Quelle serait l'utilité des commerciaux sans objections ? » Ils seraient tout bonnement remplacés par www.jachetesansposerdequestions.com !

À l'heure des sites internet et de l'IA, l'avantage des vendeurs passe nécessairement par une capacité à démontrer que leur produit crée plus de valeur que le prix défini.

Pourquoi émet-on des objections ?

Pour ce faire, nous allons nous concentrer sur les onze besoins vitaux de Murray, psychologue américain. C'est un outil parfait pour analyser les raisons qui poussent un interlocuteur à faire une objection.

1. Acquérir : des biens, des clients, de l'argent.
2. Se dépasser : progresser, se challenger.
3. Attirer l'attention : plaire à son client, son supérieur hiérarchique, ses collègues, ses concurrents.
4. Dominer : sa zone, son portefeuille, ses concurrents.
5. Affilier : des clients, des collègues, des partenaires.
6. Jouer : prendre du plaisir, faire de sa journée un pari.
7. Organiser : structurer, optimiser, saturer sa zone.
8. Être reconnu : de ses clients, de son supérieur hiérarchique, de son entreprise, de ses pairs.
9. Admirer : être fier de ce qu'on fait, de son entreprise, de ses produits, de ses clients.
10. Résister : au marché, aux concurrents, à la tension.
11. Agresser : positivement son marché, se battre, se confronter.

Pourquoi les acheteurs ont-ils des objections ?

Sur la base des travaux de Murray, on peut déterminer sept motivations/besoins des acheteurs qui expliquent leurs objections.

1. Pour mieux connaître le sujet

Dans la majeure partie des cas, faire des objections est utile pour approfondir un sujet et mieux le comprendre. Les enfants, qui posent beaucoup de questions, émettent parfois des objections – mais nous ne les jugeons pas comme telles car nous faisons nôtre leur cycle d'apprentissage. Un adulte, lui aussi, a besoin d'être rassuré dans notre monde de consommation actuel.

> **EXEMPLES :**
>
> « Ce n'est pas pratique, les deux boutons côte à côte ; c'est compliqué d'utiliser ce produit. »
> « Votre imprimante oblige-t-elle à changer toutes les cartouches dès qu'il manque une couleur ? »
> « Dans votre offre, la gestion multi-supports ne permet-elle pas d'investissements dans les pays émergents ? »

2. Pour faire le bon choix

Bien légitimement, au gré des différents moments de l'existence, des questions nous taraudent. Il est tout à fait naturel de vouloir faire le bon choix. Néanmoins, ce dernier peut être objectif ou subjectif en fonction du sujet ou de la situation. La notion de « bon choix » n'est pas linéaire. D'ailleurs, après avoir étudié les comportements animaux et humains – sont-ils si dissemblables ? –, le psychologue social américain Robert Cialdini[1] est en mesure de mettre à jour les leviers de l'influence qui permettent à l'humain de faire des choix en empruntant des raccourcis.

> **EXEMPLES :**
>
> « La cafetière X présente-t-elle les mêmes caractéristiques que la cafetière Y ? »
> « Votre palette de produits n'est-elle pas moins avantageuse que celle de votre concurrent direct ? »

1. *Influences et manipulations*, Pocket, 2014.

3. Pour se convaincre

Il n'est pas rare que nous nous retrouvions dans des situations où, pas le moins du monde convaincus, nous cherchons à le devenir. Dans un cadre purement professionnel, il est tout à fait envisageable que le client cherche absolument à être convaincu du bien-fondé de l'acquisition du produit ou du service qu'il convoite. Dans ce cas-là, la signification d'une telle démarche est simple : le commercial n'a certainement pas bien saisi l'attente de son client dans la phase de découverte du besoin client, et par conséquent, n'a pas su être suffisamment pertinent dans l'acte de vente.

> **EXEMPLES :**
>
> « Cette extension de garantie sert-elle vraiment à quelque chose ? »
> « Qu'est-ce qui me garantit que cela fonctionne comme vous l'affirmez ? »

4. Pour passer pour un expert

Cette méthode démontre que l'on est soi-même un expert sur le sujet, tout en mettant son interlocuteur dans l'embarras… La vente est très fréquemment une lutte de pouvoir ! L'infobésité actuelle, où l'on peut trouver des idées sur tout partout, renforce l'illusion de savoir de celui qui achète.

> **EXEMPLES :**
>
> « Le fait de passer de 5 à 6 vitesses change beaucoup la consommation, contrairement à ce que vous me dites. »
> « La vitesse de rotation de l'aiguille est inférieure à celle de votre concurrent. »

5. Pour jouer et gagner

C'est le cas le plus ardu à traiter, aussi bien dans la vie professionnelle qu'à table avec des amis. Certains d'entre nous aiment (et veulent) avoir nécessairement raison ; très souvent, le moyen le plus simple pour y parvenir est de critiquer… et de faire des objections. En tout état de cause, à un moment ou à un autre de la négociation, l'acheteur se met en position car il demande une concession : c'est bien pour gagner !

EXEMPLES :

« Bien, écoutez, j'étais prêt à vous choisir, mais finalement vous allez perdre car vous êtes moins bien placés. »
« Très bien, mais vous savez, votre concurrent vient de recevoir un prix sur le sujet, décerné par un jury d'experts ! »

6. Pour effectuer son travail

Eh oui, ne l'oublions pas, dans la plupart des cas de la vie professionnelle, émettre des objections fait partie du métier, et ce, que l'on soit acheteur professionnel ou non ; cette technique peut servir à chaque salarié pour atteindre son objectif, pour toucher son bonus, voire, tout simplement, pour gagner du temps.

EXEMPLES :

« Dans le cadre de cet appel d'offres, vous n'êtes pas les mieux placés. »
« Vous me dites cela, mais pourquoi ne pas vous engager par écrit ? »

7. Pour tester et déstabiliser

Dans de nombreuses centrales d'achat, on forme les acheteurs à savoir déstabiliser leurs interlocuteurs et ce, dès le début de l'entretien. Les ficelles sont multiples : en mettant l'autre devant le fait accompli, en demandant un préalable à la négociation, ou même en revenant sur un accord passé. Tout cela dans le seul but d'illustrer l'adage bien connu : « Déstabilisez, déstabilisez, il en restera toujours quelque chose ! » Et puis, lequel d'entre nous n'apprécie pas de faire une objection… juste pour le plaisir de mettre l'autre en difficulté et voir sa réaction ?

EXEMPLES :

« Avant toute chose, je veux revenir sur les conditions du dernier trimestre. Elles ne me conviennent plus. »
« Les commerciaux ont de belles voitures, dans votre société ! »
« À part écrire des bouquins, que savez-vous faire d'autre ? »

POURQUOI LES OBJECTIONS NOUS BLOQUENT-ELLES ?

La raison est évidente : la nature humaine n'apprécie guère la contradiction ! Lorsqu'on est confronté à une objection, on estime, en règle générale, que celle-ci est dirigée contre nous, et uniquement contre nous. Pourtant, il est assez rare que nous soyons le produit ou même l'inventeur du produit ou service que nous vendons.

Prenons l'exemple de l'abonnement ADSL. On sait aujourd'hui que tout le monde a connu, à un moment ou un autre, une coupure de son accès Internet. Nous avons tous contacté le service d'assistance et avons tous eu des échanges tendus avec une personne qui n'était responsable en rien de ladite coupure. Imaginez que cette personne ne sache pas prendre du recul ; elle passerait ses journées entières à prendre personnellement ces attaques répétées !

Prenons également l'exemple du crédit à la consommation, largement et fréquemment décrié pour ses méfaits. Il y a, c'est vrai, 2 % d'impayés, mais pour autant, 98 % des dossiers ne posent pas de problèmes. Imaginez, si chaque collaborateur travaillant dans une banque prenait personnellement le fait d'être attaqué sur son produit !

L'objection, et davantage encore l'échec dans son traitement, est la cause du conditionnement interne qui nous fait dire : « Cela va être difficile ! » Puis, tout naturellement, le cercle vicieux tant appréhendé se met en place : on acquiert la conviction de « louper » le traitement de l'objection… et donc, en définitive, de louper l'entretien de vente.

Puisque nous détestons singulièrement les objections… et que, somme toute, mieux vaut être efficace dans leur traitement, afin non pas d'y prendre goût (quoique), mais tout au moins de les connaître et de les aborder avec efficacité, le meilleur moyen de se sentir à l'aise avec un sujet difficile c'est de le préparer, le travailler, l'intégrer : « L'entraînement bat le talent quand le talent ne s'entraîne pas. »

COMPRENDRE LES FAITS POUR RÉUSSIR SON EFFET

Alors, comment faire concrètement ? Vous devez déjà comprendre ce qui se cache à l'intérieur de l'objection. En réalité, les objections sont corrélatives soit d'un fait, soit d'une opinion, soit d'un sentiment. Voyez-vous bien la différence entre ces trois mots : fait, opinion et sentiment ? Cela paraît simple… et pourtant ! Pour rappel, voici les trois définitions :

Fait : ce qui existe réellement ou encore, en philosophie, « donnée de l'expérience ».

Opinion : jugement qu'on se forme ou qu'on adopte sur un sujet ; assertion ou conviction personnelle plus ou moins fondée.

Sentiment : tendance affective relativement durable, liée à des émotions, des représentations, des sensations ; état qui en résulte. Ou encore conscience, connaissance intuitive.

> **EXEMPLES :**
> Un fait : « Il fait 30 °C. »
> Une opinion : « Il fait chaud. »
> Un sentiment : « J'ai chaud. »
>
> Un fait : « Cette épice s'appelle le curry. »
> Une opinion : « Ce n'est pas bon. »
> Un sentiment : « Je n'aime pas cela. »
>
> Un fait : « Le carreau est cassé. »
> Une opinion : « Ce n'est pas très grave. »
> Un sentiment : « Je ne me sens pas coupable. »

Dans un entretien de vente, mieux vaut toujours demeurer dans le factuel et l'émotif, et ne jamais tenter de combattre une opinion. Les objections les plus complexes sont celles des opinions négatives. Nous étudierons plus loin, par exemple, la façon de traiter une objection telle que : « Je n'ai pas envie de travailler avec vous. »

POUVONS-NOUS ÉVITER LES OBJECTIONS ?

Certains ouvrages défendent l'idée qu'il est de bon ton d'éviter les objections, tout simplement en prenant garde à « ne pas tendre de perche » ou en faisant « une découverte parfaite ». Nous vous confirmons ici que c'est la meilleure technique qui soit, mais que de tels entretiens sont très rares, à moins que votre produit ou service ne se vende tout seul.

Nous estimons donc que, pour le commun des mortels, éviter les objections est quasiment impossible. Nous pouvons envoyer, involontairement et à tout moment, un signe qui déclenche l'objection, ne serait-ce que par notre argumentation.

EXEMPLES :

Le vendeur : « Monsieur, en cas de panne du produit, vous avez une assistance 24 h/24. »
Le client : « Quoi ? Cela peut tomber en panne ? »
Le vendeur : « En fait, en cas de rupture de stock, nous avons développé un service d'alerte afin de vous fournir un produit de substitution. »
Le client : « Comment cela, en cas de rupture de stock ? »
Le vendeur : « Madame, ce produit est garanti en cas de chute de la Bourse ; il permet donc d'éviter les risques. »
Le client : « Et quand cela monte, je suis plafonné aussi ? »

Comme vous pouvez le constater, il se révèle fort difficile d'écarter d'un revers de main les objections ou de les éviter.

Mais le point à ne pas oublier est celui-ci : les objections sont saines car elles démontrent clairement l'intérêt de votre interlocuteur, qui a sans nul doute envie de faire l'achat. Et si vous vous disiez mentalement que pour chaque objection reçue, vous avancez vers la vente car votre interlocuteur s'intéresse réellement à ce que vous lui proposez ?

LES CINQ TYPES D'OBJECTIONS

La plupart des livres sur les techniques de vente affirment qu'il existe en règle générale cinq types d'objections.

Les objections sincères et fondées

Le client y croit, en est persuadé… et il a raison.

Sans conteste possible, ces objections-là sont les plus légitimes de toutes, puisqu'elles correspondent réellement à un écart par rapport à une réalité, un besoin, une concurrence, voire un manque tangible dans votre proposition commerciale, votre solution ou votre produit.

Il devient alors indispensable pour vous de considérer ces objections en vue de leur traitement. Pour peu que vous ayez quelque expérience de la vente, votre tête est remplie d'exemples de « ventes loupées », sans toutefois connaître avec précision la raison de tels échecs. Posez-vous un instant et visualisez une nouvelle fois le déroulement de l'un de ces entretiens infructueux avec un potentiel client. Il est possible que vous ayez omis d'aborder un sujet de fond avec ce dernier.

Ce type d'objection est un frein affiché de votre interlocuteur : paradoxalement, c'est une excellente nouvelle et un soutien pour vous afin d'accéder à la conclusion la plus heureuse qui soit si vous réussissez à la traiter.

Les objections non sincères, non fondées

Le client n'y croit pas sincèrement et utilise des raccourcis.

Ce sont les objections les moins légitimes de toutes et, par ricochet, les plus déstabilisantes, car elles sont dénuées de sincérité ; la plupart du temps elles sont empreintes d'un état d'esprit agressif, mais parfois tout simplement ludique, de posture ou d'habitude. Ces objections annoncent une négociation avec le client lui-même.

Idéalement, et lorsque l'entretien le permet, il vaut mieux ne jamais débattre autour de ce genre de contestations. En face de vous se tient un redoutable « attaquant » qui prend la forme visuelle d'un mur ; que va-t-il donc se passer si vous lui rétorquez ? La balle va vous revenir, inlassablement. À défaut, si vous vous retrouvez dans l'obligation de compter quand même avec ces objections, il vous revient de les traiter prestement puis de conduire votre interlocuteur sur un sujet de conversation différent.

Les objections sincères et non fondées

Le client est persuadé qu'il a raison mais, objectivement, c'est très discutable.

Les objections de cet acabit sont fort légitimes puisqu'elles tirent fréquemment leur source d'*a priori* bien ancrés dans l'esprit du client, d'une mauvaise expérience, ou même parfois d'une connaissance faussée du sujet en question. Ces objections « barrières » sont fréquentes. C'est un phénomène appelé « ultracrépidarianisme ». Qu'est-ce qui se cache derrière ce mot barbare ? C'est le fait de s'exprimer en dehors de son domaine de compétences, en donnant son avis sur un sujet à propos duquel on est plutôt incompétent.

Encore une fois, de telles objections doivent impérativement bénéficier d'un traitement sérieux et approfondi de votre part. Grâce à une bonne préparation, vous aurez tous les éléments en main pour démontrer, calmement et sans perfidie, que votre solution est supérieure aux autres et qu'elle est étudiée pour apporter à votre client une véritable plus-value.

Selon nous, nous pouvons ajouter à la liste deux types d'objections supplémentaires, régulièrement repérées chez les acheteurs professionnels.

Les objections non sincères et fondées

Le client ne sait pas qu'il a raison… mais il a raison.

Cette quatrième catégorie d'objections existe bel et bien… accidentellement ou par chance pour l'acheteur ! Généralement, elles sont l'œuvre de négociateurs hors pair qui recherchent les failles coûte que coûte, en usant de la technique que nous appellerons celle du « salami », qui consiste pour l'acheteur à couper en plusieurs tranches chaque argument avancé, chaque proposition, dans l'unique but de trouver à chaque fois des ouvertures.

Parfois, sans même le savoir, l'acheteur peut tomber sur un vrai écart et tout l'art réside dans sa capacité à ne pas se découvrir.

Ces objections appellent une « négociation » avec le client. Certains acheteurs sont spécialistes de ce genre d'objection dont le but est de surprendre ou de déstabiliser l'interlocuteur. Par exemple, un acheteur avec qui on attend une discussion sur le prix démarrera l'entretien par une objection très bien préparée sur un point technique.

Le traitement desdites objections doit se placer sur le terrain de la dialectique – nous y reviendrons au chapitre suivant – en plus d'être rapide et terriblement efficace.

> **EXEMPLE :**
>
> Dans le cas d'une entreprise dont les couloirs bruissent de rumeurs de réorganisation. Le client ne le sait pas, le commercial le sait et peut se trouver déstabilisé par une attaque lancée au hasard…
>
> Le client : « Vous me dites que vous me proposez ce prix pour toute l'année, mais qui me dit que vous serez encore là dans deux mois ? »

Les objections non verbales

Le client ne parle pas mais fait des gestes, émet des signes montrant une désapprobation ou une incompréhension.

Ces objections font partie intégrante du paysage de la négociation et sont extrêmement difficiles à traiter ! On les retrouve sous diverses formes : une expression du visage, des yeux, une modification de la posture physique ou encore un hochement de tête.

Chez 90 % des gens, ces objections non verbales sont totalement involontaires, parfois même inconscientes, plutôt dérivées de réflexes, et de surcroît sincères. Chez les 10 % restants, chez les champions des achats notamment, elles participent d'une technique de déstabilisation très efficace.

Même si cela est un exercice peu évident, il est primordial de repérer ce que votre interlocuteur ressent. Si vous parvenez à détecter l'objection non verbale, vous pourrez la traiter car elle doit l'être, au même titre que toutes les autres objections.

Dans pareil cas la question ouverte, souple, directe, reste encore – et de loin – la méthode par excellence à utiliser.

> **EXEMPLES** *:*
>
> Le vendeur : « Monsieur, j'ai l'impression que vous n'êtes pas en phase avec mes propos. Dites-m'en plus ! »
>
> « Je vois, Monsieur, que quelque chose vous gêne. Pouvez-vous m'en dire davantage ? »

Dans le fameux débat qui ponctue l'entre-deux tours de chaque élection présidentielle en France, savez-vous que les « plans de coupe » sont formellement interdits par les participants ? Le réalisateur n'a pas le droit de montrer le candidat qui ne parle pas quand son contradicteur a la parole. C'est une demande répétée de tous les politiques français depuis 1974 ! Craignent-ils le non-verbal à ce point ?

POURQUOI NOUS SENTONS-NOUS MIEUX APRÈS LE TRAITEMENT DE L'OBJECTION ?

La dopamine est l'un de nos messagers nerveux, une petite molécule que nous sécrétons en réaction à certaines actions. Nous savons que la dopamine est au cœur du système de récompense de notre esprit. Ce système est celui qui nous procure un sentiment de satisfaction après avoir exécuté une tâche ou atteint un objectif. Par exemple, manger après avoir eu faim, ou réussir à traiter une objection ou à convaincre un client. Lors du traitement d'une objection, quatre étapes bien distinctes se présentent.

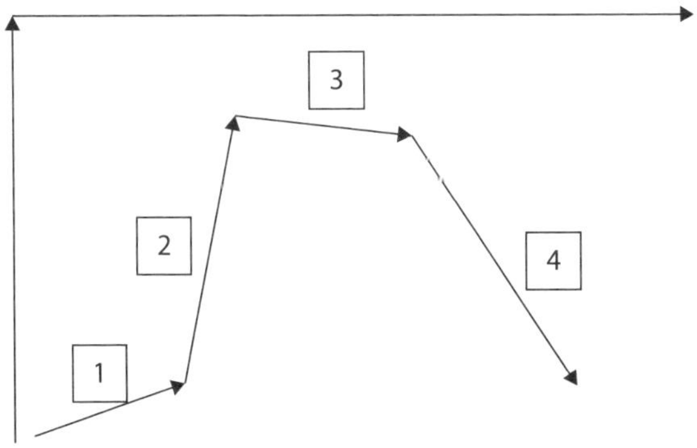

Schéma du traitement de l'objection en quatre temps

Le temps 1 correspond au moment où le commercial est à l'écoute. Son interlocuteur prépare son objection et, après quelques années d'expérience, le vendeur devine généralement quand celle-ci va arriver.

Le temps 2 concorde avec la formulation de l'objection. Notre cerveau, appliqué et vigilant, prépare la réponse à apporter avant que celle-ci ne soit émise, d'où l'intérêt de la préparation proprement dite... et de ce livre ! On estime que le cerveau entraîné a une demi-seconde d'avance sur le cerveau non entraîné.

Le temps 3 s'applique lors du traitement de l'objection. Cette action a pour conséquence immédiate de renvoyer le ballon vers l'objecteur, donc de renverser la pression.

Enfin, le temps 4 illustre ce qu'on pourrait nommer le « repos du guerrier »... mais aussi le temps nécessaire à la formulation d'une autre objection !

Grâce à ce schéma, on constate aisément à quel point nous nous sentons libérés dès lors que le processus du traitement de l'objection débute. Comme dans le sport, les meilleurs commerciaux sont tout à fait capables de répéter cette action, plusieurs fois de suite, sans baisser le moins du monde leur niveau de performance.

Un coureur cycliste a les capacités suffisantes pour faire grimper son cœur à 180/200 pulsations par minute, durant une période plus ou moins longue. Puis, quelques minutes seulement après la fin de la course, son cœur redescend à un rythme lent, c'est à dire à 50/60 pulsations par minute. Mais, au repos, certains sportifs ont un rythme cardiaque encore plus lent, autour des 35 pulsations par minute, pas davantage ! Ce genre de prouesse physique ne peut être simplement le fait du pur hasard. Entraînement, entraînement...

L'ENTRAÎNEMENT BAT LE TALENT QUAND LE TALENT NE S'ENTRAÎNE PAS

La force du mental

Une étude menée par des chercheurs américains[1] sous l'autorite de Joe Haefner a mis en évidence la puissance du mental et de l'entraînement dans l'acquisition d'un geste. Ces chercheurs ont recruté trois groupes de basketteurs débutants. Le premier groupe s'est entraîné chaque jour au tir au panier durant trois semaines. Le deuxième groupe s'est entraîné une fois par semaine. Le troisième groupe s'est entraîné chaque jour mentalement à visualiser un lancer de basket.

Au bout de trois semaines, les résultats de l'équipe 1 et de l'équipe 3 étaient similaires, et très supérieurs aux résultats de l'équipe 2. En clair, le mental avait réussi à compenser l'absence de production physique. Et si cet exemple pouvait déborder sur votre vie personnelle et professionnelle ?

Quels sont les secrets de ceux qui ont un mental de gagnant, qu'ils soient sportifs professionnels ou salariés d'entreprises, retraités engagés ou adolescents acharnés ?

Et concrètement ?

Fermez les yeux et visualisez un citron bien jaune. Imaginez que vous croquez à pleines dents dans ce citron. Que ressentez-vous ? La plupart d'entre nous ressentent le goût du citron, et surtout son acidité dans la bouche.

Encore un exercice ? Prenez une corbeille à papier et posez-la dans un coin de la pièce où vous vous situez. Faites une boulette de papier et positionnez-vous à trois mètres de la corbeille. Comme un basketteur, essayez de jeter la boulette dans la poubelle. Puis, les yeux fermés, visualisez-vous faire le geste parfait, voire faites le mouvement de balancier de bras, sans rien jeter. Enfin, recommencez le lancer les yeux fermés. La performance est identique, à 5 % près, à ce qu'on a visualisé.

Il est possible de se préparer pour une situation perçue comme importante, de se mettre en condition optimale pour un rendez-vous privé ou professionnel, comme de se préparer pour traiter les objections.

---

1. Power of Vizualisation, study conducted by Dr. Biasiotto (spelling corrected 8/4/14) at the University of Chicago, 1996.

En amont de la situation de vente

1. Préparer, formaliser les principales objections.
2. Apprendre les principales réponses.
3. S'entraîner à réciter les principales réponses (comme un sportif professionnel repète toujours le même geste, un service au tennis, un penalty au football).
4. Répéter seul une entrée dans un bureau et créer des routines : s'asseoir, sortir un crayon, sortir un cahier afin de créer un ancrage rassurant.

En synthèse, vous devez vous sentir sur le fond au niveau attendu.

Durant l'entretien

1. Se remémorer les réponses aux objections.
2. Prendre le temps nécessaire et le recul pour répondre calmement.
3. Accepter l'idée que l'on pourra convaincre lors d'un prochain entretien (droit à l'erreur).

2 | L'ART DE DÉPASSER LES OBJECTIONS

Quel que soit votre métier, le poste que vous occupez, votre produit, et peu importe la solution que vous vendez – les objections majeures sont quasiment toujours les mêmes.

- « C'est cher. »
- « J'ai déjà quelqu'un. »
- « C'est trop cher ! »
- « Je vais réfléchir ! »
- « Je n'ai besoin de rien. »
- « J'en parle à quelqu'un. »
- « Je n'ai pas le temps ! »
- « Cela ne m'intéresse pas ! »
- « Envoyez-moi une plaquette » ou « je regarderai sur votre site ! » (Objection lors d'une prospection téléphonique).

Ce florilège d'objections que tout le monde connaît (pour les utiliser aussi), que tout le monde craint, ne rassemble pas des objections difficiles. Elles sont particulièrement simples à dépasser ; la difficulté réside en réalité derrière l'objection affichée. Car, en la matière, on peut appliquer la règle de l'arbre qui cache la forêt.

Effectivement, vous allez le constater en lisant les pages suivantes, l'objection émise pointe rarement le vrai problème. Il vous faudra creuser pour trouver la vérité. Votre expertise *ès objections* vous permettra de les contourner de manière aisée. Dans ce chapitre, vous trouverez plusieurs méthodes qui vous apprendront exactement comment les traiter. Et, dans le suivant, ce sont les effets persuasifs pouvant convaincre votre client que nous approfondirons.

En termes d'état d'esprit, de mental, nous vous conseillons de considérer que ces objections n'en sont pas, et sont seulement des questions parfaitement légitimes. C'est la base de la posture à adopter. Souvenez-vous des motivations de Murray, elles sont la plupart du temps légitimes. Le fait de se mettre dans cette posture évite toute agressivité, souvent inutile ou involontaire, mais dangereuse.

TECHNIQUE N° 1 : LA DÉMARCHE VIE

Beaucoup de commerciaux redoutent les objections et cherchent à les éviter. Or, pour convaincre votre prospect, vous devez avant tout répondre à ses doutes et objections. Voici une technique de vente efficace en trois étapes pour traiter les objections afin que celles-ci ne soient plus des obstacles mais plutôt un moyen de faire progresser votre relation avec le client.

V comme valider l'objection

Partant du principe que votre objectif est de faire baisser la tension de votre interlocuteur, la première phase y répond parfaitement : il est important de dire à votre client que vous comprenez son objection. En aucun cas il ne faut critiquer sa position ou refuser son argument. En matière de posture, la méthode PEST (évoquée dans le chapitre 1) est indispensable. Montrez de l'empathie et de la compréhension pour les doutes exprimés par votre client.

Une vente efficace passe nécessairement par cette étape. Cela paraît simple ; pourtant, notre expérience nous montre que dans quatre cas sur cinq, cette règle n'est pas appliquée, avec un commercial qui contre-argumente, et renforce donc la croyance de son interlocuteur. Une croyance est une pensée considérée comme vraie, filtrant les informations reçues. En clair, plus vous contre-argumentez en direct, plus votre interlocuteur pense qu'il a raison.

Exemples de phrases pour valider l'objection :

- « J'entends bien… »
- « Je comprends votre point de vue… »
- « J'ai entendu… »
- « Oui, vous avez raison… » (Parfois.)
- « Effectivement, je me mets à votre place… »

I comme isoler l'objection

La plupart des objections sont justifiées et proviennent d'un seul et unique problème : le commercial (ou l'entreprise) n'est pas assez clair dans ses offres. En effet, il faut partir de ce principe pour progresser : le message, c'est le messager, donc vous. Si le message n'est pas compris, ce n'est pas la faute du client/prospect. Évidemment, on pense souvent à l'interlocuteur méchant ou de mauvaise foi, mais sincèrement, la plupart des clients sont « normaux ». Combien avez-vous rencontré de fous furieux dans votre activité ? Cela ne veut pas dire qu'ils n'existent pas, cela veut simplement dire que cette croyance prend une trop grande place dans vos pensées.

Néanmoins, certaines objections ne sont pas réellement fondées et traduisent la volonté du client de mettre fin à l'entretien en ménageant votre susceptibilité. On dit qu'il s'agit de « fausses barbes ».

Méfiez-vous, cela peut être le signe que vous perdez votre temps avec ce prospect. Malgré votre envie de vendre, il convient de toujours rester lucide pour utiliser votre temps de la manière la plus rentable possible. Ce prospect n'est peut-être pas pour vous, pas maintenant…

Les vraies objections expriment clairement un doute du client à propos du produit. Celles-ci peuvent être justifiées ou non.

Objections justifiées : questions objectives sur le produit/service.

Objections injustifiées : affirmations non fondées sur le produit/service.

Dans tous les cas, vous devez investiguer et questionner votre client pour comprendre et identifier ses objections de manière exhaustive, et les isoler. Car souvent, une objection en cache une autre… Isoler, c'est donc poser une question pour être sûr que l'objection du client est unique, qu'il n'y en a pas d'autres derrière celle qui est exprimée.

On peut utiliser des phrases du type : « Est-ce là le seul frein à votre achat/investissement ? », « Y a-t-il d'autres questions qui vous font réfléchir ? », « Est-ce que c'est la seule chose qui vous arrête ? »

En cas d'accord sur ce dernier point, amenez votre client à ce qu'il s'engage pour être certain de ne pas travailler pour rien, et que l'énergie dépensée à traiter l'objection serve bien à basculer vers la vente.

On peut alors utiliser des phrases du type : « Si nous arrivons à trouver une solution ensemble à votre question, est-ce que vous passerez commande ? », « Si vous êtes convaincu que la différence entre (…) et (ma solution) est largement compensée par (…), est-ce que j'aurai le plaisir de vous avoir comme client ? »

E comme énoncer ses arguments

Il est temps maintenant de répondre à l'objection du client. Il faut prendre soin de ne pas le faire d'une manière triomphale (logique du commercial qui a réponse à tout) : le client pourrait penser que vous êtes en train de le manipuler.

Vous trouverez dans le prochain chapitre de ce livre toutes les bonnes pratiques pour énoncer vos arguments. En fin d'argumentation, assurez-vous bien que l'objection soit traitée sans zone d'ombre.

Vous engagez ainsi progressivement le client dans un processus d'achat par des « oui » répétés.

Si vous avez le sentiment d'être à la fin des objections, tentez alors un *closing* : « Madame, si je réponds favorablement à votre problème, seriez-vous prêt(e) à vous engager maintenant avec nous ? »

TECHNIQUE N° 2 : LA TECHNIQUE DU SILENCE OU DE LA SURPRISE

> « Sachez écouter et soyez sûr que le silence produit souvent le même effet que la science. »
>
> Napoléon

C'est la méthode la plus simple à expliquer sur le papier mais néanmoins la plus complexe à mettre concrètement en place. Elle consiste, comme son intitulé l'indique implicitement, à laisser votre interlocuteur confirmer son objection, l'expliquer et même l'amplifier.

Il faut en revanche avoir le courage d'entendre ladite objection tout en se taisant durant plusieurs secondes. Cette situation oblige généralement l'autre à reprendre l'initiative de la conversation, sans attendre.

Régulièrement, on nous explique que cette technique n'est pas crédible en situation réelle et pourtant…

> **EXEMPLE :**
>
> Client : « C'est trop cher ! »
> Commercial : air surpris avec la bonne PEST + silence.
> Client : « Oui, vous êtes trop cher par rapport à ma situation actuelle/par rapport à mon offre actuelle/par rapport à mon budget, etc. »
> Commercial : silence.
> Client : « Finalement, cela ne m'intéresse pas ! »
> Commercial : silence + étonnement avec la bonne PEST.
> Client : « Finalement, cela ne m'intéresse pas car j'ai déjà trouvé mieux ! »

Remarquez comme, par un simple silence ou un air surpris et dubitatif, vous obtenez rapidement la vraie raison de l'objection. Il vous reste encore à prendre en considération la deuxième objection, derrière la première, qui est, elle, fondée sur des faits plus précis.

Dans le cas contraire, c'est-à-dire si votre acheteur tarde à reprendre la main – tout bonnement parce qu'il a suivi une formation qui lui a inculqué cette technique du silence – il vous revient, après quelques secondes d'attente, de relancer l'entretien en vous appuyant sur l'effet de surprise.

> **EXEMPLE :**
>
> Client : « C'est trop cher ! »
> Commercial : air surpris + silence.
> Client : silence également.
> Commercial : (après plusieurs secondes) « Je suis surpris de votre remarque, pouvez-vous m'en dire plus ? » + silence.

Si vous qui n'avez encore jamais été initié à cette technique, nous préconisons, au début, de la tester à la maison, ou même lors d'un simple achat dans un magasin. Cette mise en situation vous aidera à vous entraîner avant une mise en application concrète et face à un client. Pour vous faciliter la tâche, comptez dans votre tête jusqu'à trois pour tenir le silence. Notre cerveau est ainsi fait que vous ne ressentirez pas de sentiment de gêne ou de honte si vous comptez dans votre tête en même temps que le temps de silence.

En tout état de cause, pour l'objection bien précise « C'est trop cher ! », nous vous recommandons d'enterrer, où vous le voulez mais pour toujours, la réponse traditionnelle : « Cher par rapport à quoi ? » ; sur le fond, elle n'est pas mauvaise. Mais sur la forme, ce traitement de l'objection sur le prix est devenu, sur notre territoire national, la réponse de la plupart des commerciaux ; elle est en effet enseignée dans un grand nombre de manuels professionnels ou lors de formations continues. Les acheteurs, accoutumés à devoir subir cette réplique, s'en lassent donc franchement.

Le silence est une méthode « tout terrain » qui est fort utile contre presque la totalité des objections envisageables. Néanmoins, vous êtes tenu de demeurer vigilant et d'en user avec parcimonie – pas plus de deux fois dans le même entretien –, sous peine de faire comprendre à votre interlocuteur que c'est bel et bien une technique de vente. Imaginez-vous en face d'un vendeur qui n'emploierait que le silence pour contrer les cinq objections de l'entretien commercial !

TECHNIQUE N° 3 : LA RÉPONSE DU TAC AU TAC

Cette technique peut parfois s'opposer à la démarche VIE, ce qui est juste, mais elle est complémentaire. Vous n'utiliserez pas toujours la méthode VIE lors des entretiens, notamment si vous détenez une réponse qui va amener votre client à s'engager. Et de la même façon, on ne peut pas toujours utiliser la réponse du tac au tac.

Un préalable avant de vous présenter cette méthode : pour la démarche VIE, nous avons précisé qu'il fallait valider les propos de votre interlocuteur et donc éviter de répondre justement du tac au tac, afin de ne pas faire monter la pression. Nous allons ici dire l'inverse ! En fonction de la situation, un tennisman peut faire un coup droit, une amortie, un lob alors que la balle arrive à la base au même endroit. C'est la même logique concernant les objections : les champions du sujet utilisent plusieurs variations dans leur jeu.

La réponse du tac au tac, qui consiste à répondre immédiatement et sur le même ton, peut s'avérer cohérente face à une objection sincère et fondée ou encore face à une objection non sincère et non fondée, notamment en tout début d'entretien.

La réponse du tac au tac se traduit concrètement par une validation de l'objection, puisque cette dernière est tacitement confirmée. Vous mettez en confiance votre interlocuteur, et l'objection devient le tremplin idéal pour élaborer votre argumentation.

> **EXEMPLES :**
>
> Client : « C'est très compliqué ! »
> Vendeur : « Justement, c'est pour cela que nous avons prévu un plan de formation adapté. »
> Client : « Je n'ai pas le temps de m'occuper de cela maintenant. »
> Vendeur : « Justement, prenons rendez-vous le mois prochain. »
> Ou encore : « Justement, c'est pour cela que j'ai déjà tout préparé afin de vous faire gagner un maximum de temps. »
> Client : « J'en parle à quelqu'un. »
> Vendeur : « Parfait, vous avez raison, Monsieur, mais vous, personnellement, que pensez-vous de cette proposition ? »

Dans le cas particulier de la prise de rendez-vous par téléphone, le « justement » sera magique :

> **EXEMPLES :**
>
> « C'est trop cher ! – Justement, c'est pour cela que… »
> « J'ai déjà quelqu'un ! – Justement, c'est pour cela que… »
> « Je vais réfléchir ! – Justement, c'est pour cela que… »
> « Je n'ai besoin de rien ! – Justement, c'est pour cela que… »
> « J'en parle à quelqu'un ! – Justement, c'est pour cela que… »
> « Je n'ai pas le temps ! – Justement, c'est pour cela que… »
> « Cela ne m'intéresse pas ! – Justement, c'est pour cela que… »
> « Envoyez-moi une plaquette ! – Justement, c'est pour cela que… »
> Sur le papier, pour le moment, vous ne constatez rien d'exceptionnel dans cette approche. Et pourtant… Traditionnellement, et par expérience, on tente souvent au téléphone de vendre son produit ou son service. Or, l'objectif de l'appel téléphonique est normalement de prendre un rendez-vous. Nous ne parlons pas ici d'un entretien téléphonique avec un client connu. Dans ce cas-là, nous ne nous situons plus dans la même logique mais dans

■■■

celle qui appelle une organisation commerciale rigoureuse et un gain de productivité évident. Un appel peut donc parfois se transformer en un entretien de vente argumenté. Mais dans les autres cas, nous vous parlons de prospection pure. La méthode du tac au tac permet d'utiliser la parole de l'autre afin de rebondir. L'enchaînement par une demande de prise de rendez-vous est particulièrement infaillible.

EXEMPLES :

« C'est trop cher ! – Justement, c'est pour cela que je souhaite que nous fassions une comparaison complète des deux offres et je me propose de venir vous voir la semaine prochaine, ou la semaine d'après, car je suis dans votre secteur. »
« J'ai déjà quelqu'un ! – Justement, c'est pour cela que je souhaite vous faire une proposition sans engagement afin que vous puissiez comparer les offres… et je me propose de venir vous voir la semaine prochaine ou la semaine d'après car je suis dans votre secteur. »
« Je vais réfléchir ! – Justement, c'est pour cela que je me propose de venir vous voir la semaine prochaine ou la semaine d'après car je suis dans votre secteur. »
« Je n'ai besoin de rien ! – Justement, c'est pour cela que je souhaite vous faire une proposition en quelques minutes afin que vous ayez l'ensemble des éléments en main lorsque vous aurez un besoin… et je me propose de venir vous voir la semaine prochaine ou la semaine d'après car je suis dans votre secteur. »
« J'en parle à quelqu'un ! – Justement, c'est pour cela que je me propose de vous rencontrer tous les deux et de venir vous voir la semaine prochaine ou la semaine d'après car je suis dans votre secteur. »
« Je n'ai pas le temps ! – Justement, c'est pour cela que je me propose de passer seulement vingt minutes pour ce rendez-vous et de venir vous voir la semaine prochaine ou la semaine d'après car je suis dans votre secteur. »
« Cela ne m'intéresse pas ! – Justement, c'est pour cela que je souhaite vous rencontrer afin de vous démontrer les gains de productivité potentiels pour vous et je me propose de venir vous voir la semaine prochaine ou la semaine d'après car je suis dans votre secteur. »
« Envoyez-moi une plaquette ! – Justement, c'est pour cela que je me propose de venir vous la déposer la semaine prochaine ou la semaine d'après car je suis dans votre secteur. »
La fin de la phrase est fondamentale pour obtenir le rendez-vous.

TECHNIQUE N° 4 : LA « REFORMUCLUSION »

La reformulation est la technique majeure lorsque vous approchez de la fin de l'entretien. Elle est fondée sur un principe qui permet d'isoler l'objection et d'avancer vers la conclusion dans la même phrase, en demandant un engagement à votre interlocuteur.

Si vous souhaitez aller plus loin en matière de dialectique, vous pouvez proposer une « reformuclusion » pour amener le client sur le terrain de jeu qui vous convient le mieux. Comment réussir ce pari ? En reformulant l'objection de votre client, tout en élargissant sa propre demande.

EXEMPLE :

Client : « C'est trop compliqué ! »
Vendeur : « En fait, la question que vous me posez, c'est : "Qu'est-ce que vous avez mis en place pour simplifier ce process ?" »
Client : « Oui ! »
Vous voyez, vous avez traduit l'objection en argumentation potentielle autour de la simplification. Le client vous parle de « complexité » et vous rebondissez sur de la « simplicité ».

EXEMPLE :

Client : « C'est trop cher ! »
Vendeur : « En fait, la question que vous me posez, c'est : "Qu'est-ce qui justifie cet écart de prix par rapport à nos concurrents ?" »
Client : « Oui ! »
Vous avez traduit l'objection en argumentation potentielle autour de la valeur ajoutée de votre offre.

EXEMPLE :

Client : « J'ai déjà un partenaire. »
Vendeur : « Je comprends bien, vous ne m'avez pas attendu sur ce sujet et mon but n'est pas de le remplacer. En fait, la question que vous vous posez, c'est : "Que pourrait m'apporter ce nouveau partenaire que je n'ai pas déjà ?", c'est bien cela ? »
Client : « Oui ! »
Vous avez traduit l'objection en argumentation potentielle autour de la valeur ajoutée de votre offre.

TECHNIQUE N° 5 : L'ANALOGIE DE PROXIMITÉ

L'analogie de proximité a pour but de démontrer à votre interlocuteur qu'il a raison, que vous pensiez comme lui, mais qu'une tierce personne vous a convaincu du contraire. L'analogie de proximité se fonde sur une visualisation mentale de sa propre erreur. Elle permet de contredire une objection sans même le montrer.

EXEMPLES :

Client : « En *B to B*, la recommandation, cela marche mal. »
Vendeur : « J'ai longtemps pensé comme vous jusqu'à récemment. Et puis, un de mes clients, qui travaille dans un domaine d'activité proche du vôtre, m'a prouvé le contraire en me montrant des résultats étonnants. Souhaitez-vous que nous les regardions ensemble ? »

Client : « Le taux de retour sur un mailing, aujourd'hui, c'est 0,5 %. »
Vendeur : « Écoutez, je comprends parfaitement ce chiffre… et moi-même je l'ai utilisé durant 12 ans. Mais l'un de vos confrères m'a montré qu'on pouvait atteindre 1 % en modifiant deux choses dans son mailing. Souhaitez-vous que nous regardions cela ensemble ? »

3 | LE TRAITEMENT DES PRINCIPALES OBJECTIONS

Au fil des pages suivantes, nous allons vous présenter divers exemples de traitement. C'est le paradoxe des scripts : personne n'en veut quand ils sont imposés, mais s'il n'y en a pas, on en demande. Si vous tournez ces pages sans avoir tenté, au moins une fois avec la méthode précitée, d'aborder de front les objections, vous aurez sûrement des regrets. En revanche, si vous prenez le temps d'appliquer la méthode consciencieusement, l'expression « Je n'aime pas les objections » quittera définitivement votre esprit car les solutions s'y inviteront aussi simplement que facilement !

- « C'est cher ! »
- « J'ai déjà quelqu'un ! »
- « C'est trop cher ! »
- « Je vais réfléchir ! »
- « Je n'ai besoin de rien ! »
- « J'en parle à quelqu'un ! »
- « Je n'ai pas le temps ! »
- « Cela ne m'intéresse pas ! »
- « Envoyez-moi une plaquette ! »

Avant de lire dans le détail, nous vous proposons déjà de vous tester. Lisez une objection et tentez d'utiliser une méthode. Voici quelques pistes pour les trois premières objections que nous venons de citer.

LES TROIS PREMIÈRES OBJECTIONS

« C'est cher ! »

Signe de la tête.

« J'entends bien, Monsieur ! Avant que je ne vous réponde, pourriez-vous me dire les raisons qui font que vous trouvez cela cher ? »

« J'ai déjà quelqu'un ! »

Signe de la tête.

« Je me suis effectivement aperçu, lors de ma préparation, que vous aviez déjà un partenaire. Qu'est-ce qui fait que vous travaillez avec lui ? »

« C'est trop cher ! »

Signe de la tête.

« Je comprends votre position. Certains clients me font souvent la même remarque lors de notre première rencontre. Néanmoins, et pour être certain d'avoir bien compris, pourriez-vous m'en dire davantage ? En quoi trouvez-vous cela trop cher ? »

Alors, cela vous a-t-il paru simple ? Si oui, vous pouvez passer au chapitre suivant. Si non, nous vous conseillons d'apprendre les principales réponses proposées et d'y intégrer les arguments de votre offre.

DES PISTES CONCRÈTES ET MULTIPLES

Bien entendu, il n'est absolument pas envisageable de traiter, dans l'ouvrage présent, l'intégralité des objections que vous rencontrerez sur votre propre marché. De la même façon, utiliser toutes les techniques en même temps relève de l'impossible. En revanche, nous sommes tout à fait en mesure de vous apporter des pistes concrètes, en fonction de votre métier, pour vous aider à construire vos éléments de réponse. Nous ne pouvons toutefois pas insister sur les arguments car, malheureusement, nous n'aurions pas la place nécessaire dans cet ouvrage. Comme nous l'indiquions en introduction, c'est la chance majeure des commerciaux ou des vendeurs, qui ne peuvent être remplacés ni par un livre ni par une machine.

Pour rappel, les méthodes mises en avant dans le chapitre 3 sont :

- le silence ;
- la réponse du tac au tac ;
- la « reformuclusion » ;
- la méthode VIE ;
- l'analogie de proximité.

La méthode VIE demeurant la plus pointue de toutes, nous vous invitons à l'utiliser pour réaliser l'exercice suivant. Vous observerez d'ailleurs que, dans certains cas, vous n'êtes pas obligé de l'appliquer dans son intégralité.

Exemple 1 : « C'est trop cher ! »
(Contexte : société d'assurances)

Répondre avec la méthode VIE

Signe de tête + hochement de tête favorable + « J'entends bien. »

« En fait, ce que vous me demandez, c'est comment je peux expliquer l'écart de prix par rapport à mon concurrent ? »

« Eh bien, cher client, je vais me permettre de vous répondre de deux façons :

En premier lieu, je ne suis nullement surpris par ce que vous me dites. Plusieurs de nos clients m'ont déjà fait cette remarque. Vous trouverez ci-joint les commentaires de trois de nos plus importants clients qui vous expliquent pourquoi ils nous restent fidèles.

Par ailleurs, je vous propose de comparer nos prix en incluant nos services, et notamment, en point 1, nos horaires d'ouverture qui vous garantissent un support de 8 h à 20 h. En point 2, notre site internet, qui vous fait bénéficier d'un appui immédiat et d'un suivi rigoureux. Et, enfin, en point 3, notre prestation "Sinistres" qui rembourse sous sept jours afin de vous permettre de remplacer votre bien dans les meilleurs délais. Ces trois éléments vous offrent une garantie compétitive.

Ai-je été clair ? »

Répondre avec la technique de la « reformuclusion »

« Très bien, Monsieur. En clair, ma proposition dans sa globalité vous convient. S'il n'y avait pas le sujet du prix, vous choisiriez ma solution, c'est bien cela ? »

Exemple 2a : « J'ai déjà quelqu'un ! »
(Contexte : fournisseur de logiciels informatiques)

Répondre avec la méthode VIE
Signe de la tête.
« Je comprends bien que vous ayez déjà un partenaire. Pourriez-vous m'en dire davantage sur ce partenaire ? »
« En fait, la question que vous me posez, c'est : "Qu'allez-vous m'apporter en plus par rapport à ma situation actuelle ?" »
« Eh bien, Monsieur, tout le monde sait aujourd'hui que notre solution est complémentaire sur le marché car elle permet d'augmenter la qualité de reproduction de 12 %. Savez-vous à quel niveau un œil nu peut se rendre compte d'une différence de qualité ? »
Client : « Non ! » ou « 5 % ? »
« Eh bien, c'est 7 % ! En clair, avec notre produit, vous pourrez à l'œil nu constater un écart par rapport à votre situation actuelle. Sincèrement, Monsieur, nous sommes dans le qualitatif et je sais que c'est important pour vous ! Néanmoins, si nous nous situions dans le quantitatif, refuseriez-vous une proposition en mesure de vous faire gagner 12 % par rapport à votre situation actuelle ?
Vous ai-je convaincu de nos différences ? »

Exemple 2b : « J'ai déjà quelqu'un ! »
(Contexte : fournisseur de logiciels informatiques)

Répondre avec la méthode VIE
Signe de la tête.
« Je comprends que vous ayez déjà un partenaire et que vous en soyez satisfait. Puis-je me permettre de vous demander les raisons pour lesquelles vous êtes satisfait à ce point de ce partenaire ? »
(Aidez votre client, au cas où sa réponse est vague, à vous dire s'il est plutôt attaché au service après-vente, au prix, à l'innovation, à la fréquence des visites, etc.).
« Très bien, Monsieur, je comprends parfaitement votre satisfaction. Je me mets à votre place et, effectivement, je trouve que c'est un très bon partenaire. Maintenant, si

■■■

■■■

j'étais un magicien et que je vous tendais une baguette magique, quel serait le point que vous aimeriez voir améliorer chez votre partenaire actuel ? Nous sommes dans la magie, vous êtes Ali Baba, vous pouvez donc être exigeant ! »
(Aidez votre interlocuteur dans son choix en prenant, au passage, des éléments de vos propres avantages.)
« Très bien, Monsieur, vous appréciez donc votre partenaire actuel pour X, Y, Z raisons. Mais, idéalement, vous aimeriez sans doute bénéficier du V en plus, c'est bien cela ? »
« Eh bien, je me propose de vous prendre encore quelques minutes de votre temps car mon produit répond parfaitement à vos attentes et, en plus, il a le V ! »
Construisez l'argumentation par rapport aux explications de votre client.
« Vous ai-je convaincu sur nos différences ? »

Exemple 3 : « Je vais réfléchir ! »
(Contexte : vendeur de télévisions, écran plasma)

Répondre avec la méthode VIE
Hochement de tête.
« Je comprends que pour ce type de décision, vous ayez besoin d'un peu de temps. Puis-je me permettre de vous demander les éléments qui vont vous aider à finaliser votre décision ? »
« Je me permets d'insister, y a-t-il un point dans ma proposition qui vous gêne ? »
« Bien, je comprends que vous ayez un doute sur le montant de l'investissement entre un écran LCD et un projecteur. »
« Eh bien, écoutez, je ne souhaite pas insister, ce n'est pas mon rôle, et je ne suis pas le genre de vendeur à vouloir passer en force. Mais, imaginez-vous ce week-end en train de regarder un film dans votre salon ! Imaginez le changement que cet investissement va procurer dans l'organisation de l'espace de votre maison. Acheter ce projecteur, c'est inviter Martin Scorsese dans votre salon ! »

Application en B to B
« Je comprends que vous ayez besoin de réfléchir, Monsieur, néanmoins si j'étais l'un de vos commerciaux, je suis certain que vous ne m'en voudriez pas d'insister un peu… Pouvez-vous me dire quels sont les éléments qui vont faire la différence pour votre décision ? »

Exemple 4 : « Je n'ai besoin de rien ! »
(Quel que soit le contexte)

Répondre avec la méthode VIE

Signe de la tête.

« Je comprends votre réaction. C'est justement parce que vous n'avez besoin de rien aujourd'hui que je souhaite vous faire cette proposition, dans le but d'anticiper l'avenir. Pour quelles raisons estimez-vous bénéficier actuellement d'une offre complète ? »

« Et si vous aviez une baguette magique, qu'amélioreriez-vous ? »

« Donc, en fait, vous jugez votre offre très complète. Néanmoins, si vous aviez une baguette magique et que vous pouviez améliorer X, estimeriez-vous que cette solution vous procurerait davantage de satisfaction ? »

« Eh bien, écoutez, Monsieur, je vais vous expliquer pourquoi notre solution est parfaitement adaptée à vos attentes. Trois raisons à cela. Premièrement, je vous garantis l'ensemble des services dont vous jouissez aujourd'hui. Deuxièmement, j'améliore le point X, celui que vous estimez perfectible. Enfin, troisièmement, cette offre est payable dans soixante jours ! »

« Vous ai-je convaincu ? »

« C'est bien cela ? »

Exemple 5 : « J'en parle à quelqu'un ! »
(Contexte : en *B to C*)

Répondre avec la méthode VIE

Signe de la tête.

« Vous avez raison de bien réfléchir. »

« Vous, qu'en pensez-vous ? »

« OK, vous appréciez mon produit. En revanche, vous vous demandez si (…) »

« Eh bien, je vous propose de prendre un rendez-vous avec votre épouse afin de vous montrer le fonctionnement de ce produit. Êtes-vous disponible en début ou en fin de semaine prochaine ? »

« Sommes-nous d'accord ? »

Exemple 6a : « Je n'ai pas le temps ! »
(Quel que soit le contexte)

Répondre avec la méthode VIE

Signe de la tête.
« Je comprends ! »
« Et si je vous demande ce que vous estimez être un temps court ? »
« OK, eh bien, je vous propose de me consacrer dix minutes, simplement dix minutes. Si, à l'issue de ces dix minutes, vous ne voyez pas d'intérêt dans ma proposition, je vous laisserai reprendre vos occupations. »
Dans ce cas précis, vous devez avancer votre argumentation ESG afin de convaincre votre interlocuteur.
« Sommes-nous d'accord ? »

Exemple 6b : « Je n'ai pas le temps ! »
(Quel que soit le contexte)

Répondre avec la méthode VIE

« Justement, de combien de temps disposez-vous ? »
Signe de la tête.
« Je comprends ! »
« Donc, je ne tombe pas au bon moment ? »
« OK, eh bien je vous propose que nous reprenions rendez-vous la semaine prochaine, ou la semaine suivante, car je suis dans votre région. »

Exemple 7 : « Cela ne m'intéresse pas ! »
(Quel que soit le contexte)

Vous êtes désormais habitué ; nous sommes arrivés à un moment du livre où vous lisez rapidement. Avant de poursuivre votre lecture, prenez le temps de réfléchir et de vous dire : « Je vais appliquer la méthode VIE. Comment puis-je traiter cette objection ? »
C'est fait ? Lisez la suite à présent.
Une nouvelle fois, une telle objection ne veut absolument rien dire ; ne vous laissez pas happer par une argumentation inutile !

■■■

■■■

Répondre avec la méthode VIE
Signe de la tête.
« Je comprends ! »
« Simplement, Monsieur, pouvez-vous me dire ce qui ne vous intéresse pas ? »
Face à sa réponse, vous serez en mesure d'employer les techniques d'argumentation… après, évidemment, avoir effectué une belle reformulation !

Exemple 8 : « Envoyez-moi une plaquette ! » ou « Indiquez-moi votre site internet. » (Contexte : au téléphone)

C'est indéniablement l'objection classique rencontrée au téléphone. Dans un tel cas, le signe de la tête est encore plus important, avec, en prime, un sourire car tout cela « s'entend » au téléphone ! Au niveau de la technique de réfutation, vous utiliserez la réponse du tac au tac, sans creuser, afin de tenter de prendre de vitesse votre interlocuteur. Avec une conclusion de type « prise de rendez-vous ».

Répondre avec la méthode du tac au tac
Sourire.
« Je comprends votre demande, et je suis ravi de votre intérêt. Je vous propose encore mieux… Je serai chez vous la semaine prochaine ou la semaine d'après… »
Ou encore :
« Je comprends. Sachez, néanmoins, que j'ai besoin de vous rencontrer afin de comprendre vos besoins et de vous remettre le bon lien. C'est pourquoi je me propose de vous rencontrer la semaine prochaine ou la semaine suivante… »

Exemple 9 : « Ce n'est pas moi qui décide. »

Une objection traditionnelle, courante, qui peut cacher soit une « fausse barbe » de la part de votre interlocuteur, soit une réalité dans le processus de décision du client.
Dans un premier temps, il vous faut clarifier tout en acceptant l'objection… Nous vous proposons cinq questions différentes selon le contexte :
Question 1 : « C'est normal. En dehors de vous, qui peut donner son avis sur notre approche ? »

■■■

■■■

Question 2 : « Quel est le processus de décision dans votre entreprise pour ce type d'offre ? »
Question 3 : « Quels sont les points sur lesquels vous avez besoin de la décision d'une autre personne ? »
Question 4 : « Compte tenu de l'avancement de nos échanges, pourrions-nous rencontrer ensemble la personne qui décide avec vous ? »
Question 5 : « Habituellement, la personne qui décide suit-elle vos décisions ? »
Dans un second temps, si la réalité du processus de décision nécessite l'intervention d'un collaborateur ou d'un supérieur, il est important de connaître la capacité de prescription positive de votre interlocuteur avec un ballon d'essai simple :
Ballon d'essai 1 : « Si vous étiez seul à décider, quelle serait votre position ? Vous semblez convaincu. »
Ballon d'essai 2 : « Quels sont les éléments positifs que vous allez transmettre à la personne qui décide avec vous ? »
Ballon d'essai 3 : « Je suis certain que vous saurez le convaincre, pouvons-nous avancer sur le planning de livraison de la machine si vous obtenez un feu vert ? »
Ballon d'essai 4 : « Si vous êtes convaincu, il le sera… Pouvons-nous nous revoir en fin de semaine pour la signature du contrat ? »
Ballon d'essai 5 : « Parfait ! Nous allons remplir le contrat, il n'aura plus qu'à y apposer sa signature. »

4 CHAPITRE L'argumentation persuasive

Nous vous avons, jusqu'à maintenant, beaucoup parlé du cerveau primitif ainsi que de l'influence des émotions sur son fonctionnement. Cependant, ces dernières ne fonctionnent pas seul…

Nous disposons, en effet, d'une troisième zone responsable des fonctions cognitives supérieures propres à l'être l'humain : le néo cortex.

Situé à l'avant du cerveau, le néo cortex est le siège du langage et de la pensée. Il recherche, avant tout, à donner du sens à nos décisions, à rendre nos actions cohérentes avec notre système de valeurs et notre vision du monde.

Et savez-vous que nous traitons plus de 80 000 pensées par jour ?

À l'instar d'un ordinateur, nous dirions alors que notre cerveau reçoit l'équivalent de 10 000 000 bits par seconde or il ne peut en gérer que… 60 par seconde.

Il va donc chercher à simplifier l'information reçue au maximum car il ne peut pas gérer tout ce qu'il reçoit. Pour ce faire et pour combler son besoin essentiel de sens, il va donc créer des liens avec ce qu'il connaît déjà (l'expérience et/ou les croyances), combler les trous et se laisser berner par ce que nous appelons les biais cognitifs.

Ainsi, notre cher cerveau qui cherche avant tout à limiter sa dépense d'énergie va automatiser au maximum ses prises de décisions en s'appuyant inconsciemment sur ces fameux biais cognitifs introduits par Daniel Kahneman dans les années 1970.

Nous vous proposons, dans ce chapitre, d'apprendre à manier quelques effets de langage en vous appuyant sur les biais décisionnels les plus puissants.

1 | 30 TECHNIQUES D'ARGUMENTATION PERSUASIVE

L'objectif de ce chapitre est de vous accompagner dans la construction, de A à Z, d'arguments pertinents.

Les techniques que nous allons aborder sont utilisées afin d'argumenter, d'influencer puis de convaincre. Elles sont le fruit d'études et d'analyses des meilleurs comportements commerciaux, dans les phases de vente et d'achat.

Nous parlerons également des techniques « dialectiques ».

QU'EST-CE QUE LA DIALECTIQUE ?

« Ce que vous dites mal et que vous faites bien,
tout le monde pensera que vous le faites mal. »
Blaise Pascal

La dialectique provient du mot composé grec *dialegein* : la signification la plus courante du verbe *legein* est « parler » et le préfixe *dia* indique l'idée d'un échange. Au sens étymologique, la dialectique est donc un échange de paroles qui se traduit habituellement par l'art du dialogue, de la conversation.

Les synonymes sont nombreux : logique, argumentation, déduction, méthode, analyse, explication, dialogue, discours, discussion, démonstration…

Selon Platon, l'un des plus grands philosophes de tous les temps, la dialectique est « l'art de la discussion, du dialogue, permettant de s'élever de la connaissance sensible à la connaissance intelligible ». Pour le philosophe Kant, la dialectique est « la logique de l'apparence ».

Mais il existe aussi une définition nettement plus marketing, davantage mercatique du terme « dialectique » dans les principaux dictionnaires : « Ensemble des moyens mis en œuvre dans la discussion afin de démontrer, convaincre ou emporter la conviction. » Pour notre part, nous retiendrons cette dernière définition.

Les techniques dialectiques sont celles qui vous assurent de pouvoir convaincre votre interlocuteur plus vite et de la meilleure façon possible. Tout simplement parce que les idées que vous émettez déjà sont alors auréolées d'une force de conviction sans pareille. Ces techniques-là sont d'ailleurs tout à fait utilisables dans la vie quotidienne, à la maison ou au bureau.

L'ordre d'apparition desdites techniques n'est régi par nulle logique de priorité. Vous êtes seul juge de leur utilisation.

Pour finir, laissez-nous vous conseiller, après la lecture de cet ouvrage, de vous amuser en regardant un prochain débat politique : il vous sera soudainement aisé de repérer les ficelles dialectiques employées !

TECHNIQUE N° 1 : L'HUMOUR

L'humour s'adresse directement à cette partie de nous qui apprécie le rêve, l'émotion, les images.

La difficulté de l'humour est qu'il ne s'enseigne pas dans les manuels. Son utilisation doit être prudente et déclenchée dans certains contextes bien définis – malheureusement, pas dans tous. En effet, la redoutable technique de l'humour est à double tranchant : elle peut se conduire comme un boomerang si elle n'est pas parfaitement adaptée à la situation présente ou à votre interlocuteur.

En revanche, c'est indéniable, elle détend considérablement une atmosphère pesante, voire prépare une nouvelle question ; elle peut être aussi utile pour prendre le temps de réfléchir. L'humour devient un socle solide pour une future argumentation plus sérieuse, ou bien aide à traiter le cas d'un acheteur au profil « joueur ».

> **EXEMPLE :**
>
> « Vous avez raison, Monsieur. Il y a mieux, moins cher, mais je vous demande de choisir mon produit ! »

On peut certes se dire qu'un tel procédé est délicat. C'est vrai ! Néanmoins, posez-vous la question, à titre personnel. Que préférez-vous : un commercial plein d'humour ou un commercial tristounet ? Attention cependant à ne pas confondre l'humour avec la caricature du commercial « bourrin ».

En 1977, Alain Duhamel interrogea François Mitterrand sur la façon dont il allait mettre en place les nationalisations prévues s'il était élu, en 1981, au poste suprême. La réponse fusa :

« Je vais vous dire comment je vais faire puisque je l'ai lu dans les journaux… Sinon, je n'aurais pas pu, ni su… »

TECHNIQUE N° 2 : LE CHOIX

C'est sans nul doute l'une des techniques les plus exploitées en vente, mais aussi celle que les manuels spécialisés vous apprennent de préférence. Le choix, ou encore l'alternative, est très utile car il permet d'orienter votre interlocuteur.

Cette technique amène forcément un choix prédéfini par vous-même. Notez que les politiques en sont particulièrement friands.

> **EXEMPLES :**
>
> « Que préférez-vous ? Que vos enfants ne puissent plus sortir le soir ou l'inverse ? »
> « Que choisissez-vous, Monsieur ? La livraison immédiate payante, ou la livraison gratuite dans deux semaines ? »
> « En fait, la question que vous devez vous poser est la suivante : est-ce que je préfère acheter l'autre imprimante, plus récente mais moins performante, ou alors celle-ci, un peu plus ancienne mais beaucoup plus performante ? »

TECHNIQUE N° 3 : LA CRÉDIBILITÉ PERSONNELLE

Cette technique calme les questions angoissées que se pose votre interlocuteur sur votre entreprise ou sur votre propre compte. Savamment utilisée, elle rassure les clients inquiets ou hésitants. Mais la crédibilité ne se décrète pas.

Lors de certaines formations, nous avons en face de nous de jeunes commerciaux qui nous font part de leur trouble à tenter de vendre à des clients plus âgés qu'eux : « Comment paraître crédible ? » La crédibilité est-elle à la jeunesse ce que la vitalité est à la vieillesse ? Absolument pas ! La crédibilité passe en premier lieu par un état d'esprit et une certaine confiance en soi.

> **EXEMPLES :**
>
> « Monsieur, je travaille avec 37 sociétés. Je pense que vous pouvez vous fonder sur ce nombre pour vous dire que vous avez quelqu'un de solide en face de vous. »
> « Madame, je suis actuellement responsable d'un portefeuille de 500 clients qui bénéficient tous de ma spécialisation en gestion patrimoniale. »

TECHNIQUE N° 4 : LA RARETÉ

Ce levier connu de tous est fondé sur la peur de manquer. La période des soldes dans les commerces illustre parfaitement ce concept.

Un florilège de ventes dites privées ont fait leur apparition sur le Net et dans les boutiques : soldes, pré-soldes, opérations exceptionnelles… mais qui sont en réalité pour tout le monde et très répétitives. N'est-ce pas une invention fabuleuse, celle qui fait croire que l'on peut être sélectionné pour participer à quelque chose ! Le site de ventes privées, VP, leader en France, utilise toujours cette approche. Une autre technique, quand le client se montre intéressé par un produit sur son site internet favori, est de lui indiquer qu'il ne reste que trois produits disponibles, et qu'il doit donc commander vite !

Nous sommes réceptifs à la rareté et à ce délicat forcing. Imaginez-vous faire la queue pendant une heure pour monter dans un manège. À l'approche du but, vous regardez toujours s'il ne reste pas une place de libre dans le manège pour passer immédiatement…

> **EXEMPLES :**
> « Monsieur, le plan d'épargne voit sa rémunération baisser à compter de la fin du mois. Il vous faut impérativement en ouvrir un ! »
> « Madame, il ne reste plus qu'une seule galette des rois. »
> « Je vous ai sélectionné dans la région pour tester un nouveau produit. »
> « Monsieur, mon opération commerciale dure trois jours, avec une remise immédiate de 5 % en contrepartie de l'achat de 15 % de marchandises en plus ! »

TECHNIQUE N° 5 : L'EFFET DE CLARTÉ

Cette technique est notoirement répandue dans l'univers de la vente, mais elle l'est davantage encore dans le monde politique. Elle consiste à dresser une liste de ses arguments en comptant, expertise suprême, le point 1, le point 2 et le point 3 sur ses doigts. Dans une autre vie, nous avons été ainsi éduqués par nos professeurs d'école qui nous inculquaient l'art de la thèse, de l'antithèse et de la synthèse.

L'effet de clarté, aussi appelé effet de liste, est sans conteste un « facilitateur » pour la compréhension de chacun puisqu'il met en lumière les arguments principaux. En outre, la technique de l'effet de clarté exige de son interlocuteur qu'il fasse preuve d'une concentration accrue sur plusieurs sujets en même temps, ce qui, admettons-le, n'est jamais simple. Globalement, nous savons que le cerveau humain est capable de retenir cinq informations sur une durée donnée, jusqu'à sept pour les cerveaux les mieux entraînés.

La technique de l'effet de clarté est une excellente méthode d'argumentation en fin d'entretien, en fin de présentation ou lors d'un appel d'offres à l'oral. Pensez donc si chaque étudiant, lors de sa soutenance, savait terminer par un effet de liste « convaincant » !

EXEMPLES :

(Toute ressemblance avec des personnes…)

« Voilà pourquoi, monsieur le journaliste, je souhaite investir massivement dans les prisons. Premier point, cela permettra de moderniser les conditions d'accueil. Deuxième point, nous pourrons intégrer dans les prisons des centres éducatifs pour former les prisonniers, et donc favoriser à terme leur réinsertion. Troisième point, cet investissement financier facilitera également grandement la tâche de ceux qui exercent la belle profession de gardien de prison. »

« Cher client, vous me demandez les avantages de cette assurance voiture. Eh bien, je vais vous donner les trois avantages majeurs correspondant à votre besoin. En point un, cette assurance couvre l'ensemble de votre famille, votre femme, mais aussi votre fils qui est jeune conducteur. En point deux, vous avez un service d'assistance pour une panne et ce, même si la voiture est garée dans votre garage – vous m'aviez dit que votre ancienne voiture vous avait joué un mauvais tour à ce sujet. Enfin, en point trois, nous offrons les deux premiers mois de souscription à la signature du contrat. »

TECHNIQUE N° 6 : L'ÉMOTION

De quoi vous rappelez-vous le plus, du discours du 11-Septembre ou des images ? Des buteurs lors de la Coupe du monde de football ou des personnes avec qui vous avez regardé le match ? Quel souvenir du film *Titanic* est le plus vivace en vous, l'image de Léonardo Di Caprio lâchant le radeau de sa belle avant d'être englouti par les flots ou bien le prénom de son personnage ? Et dans le film *Intouchables*, les pas de danse d'Omar Sy ou l'âge de son personnage ?

Dans les relations humaines, l'émotion fonctionne à merveille. Bien évidemment, il reste à user de cette technique avec parcimonie, notamment dans le cadre de visites itératives.

EXEMPLES :

« Écoutez, Monsieur, je tiens à vous en faire part même si cela a peu de valeur : je serais vraiment ravi si vous preniez ce produit dans notre société car nous nous connaissons depuis longtemps. »

« Écoutez, je tiens à vous le dire même si cela ne compte pas. Pour moi, travailler avec vous signifie réellement quelque chose car vous êtes un client fidèle depuis trois ans. »

« Vous savez, mon épouse me jalouse car elle adore votre magasin. Elle y vient régulièrement car elle s'y sent bien. Et quand elle sait que je viens ici… elle enrage car elle aimerait être à ma place ! »

TECHNIQUE N° 7 : L'IMAGE/LA PHOTO

L'image est une technique de persuasion par excellence. Elle est la résultante d'une logique de preuve. Dans le traitement des objections, vous venez de reformuler les propos de votre interlocuteur. Mais, au lieu de vous lancer dans de grandes phrases qui risquent d'être creuses, sortez tout simplement une photo, un dessin. Vous constaterez que ce geste vaut tous les mots !

L'un des auteurs de l'ouvrage que vous êtes en train de lire a un souvenir précis d'un acheteur en face duquel il s'était retrouvé à l'occasion d'un appel d'offres national en GMS. Plutôt que de lui faire subir un discours fleuve sur l'importance de l'effort qu'il attendait sur les conditions financières, il lui a simplement montré une carte du pays… avec les implantations actuelles mais surtout avec les implantations futures.

Une façon détournée, mais très pertinente, de dire fort discrètement : « Regardez le potentiel actuel, mais surtout, regardez le potentiel total de notre enseigne ! »

EXEMPLES :

« Madame, plutôt qu'un long discours, voici un diagramme de la performance de notre produit d'assurance-vie depuis trois ans. »

« Monsieur, afin de vous répondre de la façon la plus neutre possible, je vous propose de regarder la photo de ce crash-test. »

« Madame, pour la vente de votre bien immobilier, je vais vous montrer comment nous présentons les biens de nos clients sur notre site internet. »

TECHNIQUE N° 8 : LA GÉNÉRALISATION

Ce qui est fait par le plus grand nombre est un gage de réassurance. Ce constat s'appuie sur le levier psychologique de la preuve sociale. Lorsque vous recherchez un restaurant de qualité dans une ville inconnue, et que vous devez choisir entre trois établissements qui se trouvent les uns à côté des autres, lequel remportera vos suffrages : le plus peuplé ou le plus désert ?

« Si tout le monde le fait, il doit y avoir une raison ! » est une phrase magique, à table avec des amis ou en face à face avec un client.

Le fameux « Tout le monde sait que » amène en règle générale fort peu d'objections. Nos politiques se servent fréquemment de cette tournure de phrase : « Tout le monde sait que nous avons plus agi pour telle ou telle catégorie que tel ou tel parti… », « Tout le monde sait que le chômage baisse grâce à nos actions… », « Tout le monde sait que le chômage a baissé grâce à la croissance… », etc.

> **EXEMPLES :**
>
> « Monsieur, tout le monde sait que notre voiture est aujourd'hui classée dans les trois plus fiables de sa catégorie. »
>
> « Madame, tout le monde sait que notre société est la référence en matière de recharges de cartouche à imprimante laser. »
>
> « Monsieur, tous nos clients nous font part de l'excellence de notre service pour accompagner la vente de leur bien. »

TECHNIQUE N° 9 : LA PETITE HISTOIRE

« Papa/Maman, raconte-moi une histoire ! » Pourquoi diable les enfants aiment-ils tant les histoires ? Pour garder plus longtemps leurs parents auprès d'eux, bien entendu, mais aussi pour rêver, prendre du plaisir, se mettre en situation de… Dans le monde adulte, rien n'est plus puissant que l'analogie, la métaphore.

Le storytelling est aujourd'hui une approche reconnue pour convaincre un individu ou un auditoire. Quand vous sollicitez des participants après une conférence, qu'est-ce qu'ils retiennent le plus ? Pas les théories fumeuses, mais les histoires !

Dans la vie quotidienne, on ne prépare pas assez souvent ses histoires en amont, et s'en souvenir au moment opportun n'est pas à la portée de tous. Regardez autour de vous : devenir le roi des histoires drôles requiert un sacré talent. C'est la raison principale pour laquelle il vous revient de préparer ces petites histoires afin d'être en mesure de les placer dans vos entretiens de vente.

> **EXEMPLES :**
> « Madame, ce dont vous me parlez me fait penser à la problématique d'un autre client qui m'a dit que… Eh bien, en optant pour notre solution, il a augmenté de 13 % son taux de transformation des ventes ! »
> « Monsieur, je vais vous raconter ce que nous avons mis en place comme solution avec un confrère qui avait la même problématique que vous et qui exerce exactement dans votre secteur d'activité, mais dans une autre région. »

TECHNIQUE N° 10 : LA SYMPATHIE… VOIRE LA SÉDUCTION

Eh oui, on ne peut y échapper, on serait certainement ravi de discuter avec Dany Boon ou Jamel Debbouze… Tout comme on trouve souvent Sophie Marceau et Florence Foresti sympathiques.

Néanmoins, le paramètre physique n'est pas la seule cause de cette attirance amicale que nous pouvons ressentir envers de « belles personnes ». De nombreux autres vecteurs sont aussi importants : le sourire, les yeux, l'écoute, les mains, le charme, la gentillesse, l'humour…

Dans notre vie quotidienne, les gestes de sympathie sont de formidables leviers de persuasion. Certes, ce sentiment demeure fort subjectif puisque nous ne réagissons pas tous de la même façon à la sympathie. Cependant, face à des attitudes antipathiques, nos réactions sont quasiment toujours similaires. Aussi, ne pas écouter, parler vite, toiser l'autre ou ne pas le regarder dans les yeux font souvent perdre une vente. Et pourtant, de tels comportements ne sont-ils pas fréquemment décelés dans les magasins ?

Si vous décidez de partir en quête des meilleures études du monde sur le vaste sujet de la sympathie, toutes vous expliqueront que l'élément différenciateur par excellence est le sourire. Le sourire prouve que l'on est heureux

– en tout cas sur son lieu de travail –, il démontre également une certaine décontraction, qui n'empêche ni le professionnalisme ni la concentration. Le sourire devient rare, donc cher…

Prêtez attention, la prochaine fois que vous pénétrerez dans un magasin, à la présence ou à l'absence du sourire chez le vendeur ou l'hôtesse de caisse : si vous le remarquez, cela prouve bien qu'un comportement aussi avenant se raréfie. L'enseigne Auchan l'avait bien compris en imposant le « SBAM » à ses hôtesses de caisse : le fameux « Sourire. Bonjour. Au revoir. Merci », il y a plus de 60 ans maintenant !

> **EXEMPLE :**
> Il vous suffit de regarder attentivement la télévision, d'observer vos collègues de travail… ou même vos proches, à la maison !

TECHNIQUE N° 11 : LE SYLLOGISME

Bien évidemment, tout le monde connaît la définition du mot syllogisme ! On trouve ainsi dans le dictionnaire : « Type de déduction formelle telle que, deux propositions étant posées (majeure, mineure), on en tire une troisième qui est logiquement impliquée par les deux précédentes. »

À ne pas confondre avec le sophisme, qui est un « raisonnement valide en apparence mais dont un des éléments est fautif et, généralement, fait avec l'intention de tromper ».

Ces définitions posées, il est certain que le sophisme, complètement hors-jeu, ne mérite pas ici notre attention, contrairement au syllogisme qui, très cartésien, est un bon moyen d'amener une conclusion implacable. Il est fondé sur le principe de la cohérence, levier majeur en psychologie sociale.

> **EXEMPLES :**
> « Tous les hommes sont mortels [majeure], Socrate est un homme [mineure], donc Socrate est mortel [conclusion]. »
> « Tous nos clients cherchent une bonne affaire, il y a beaucoup de monde dans notre magasin, c'est que ces clients font des bonnes affaires. »
> « Vous recherchez l'offre la plus compétitive possible, nous sommes en tête du classement de *Capital* sur les produits d'assurance, vous trouverez donc la meilleure offre chez nous ! »

TECHNIQUE N° 12 : LE LIVRE D'OR/LES TÉMOIGNAGES

À votre avis, pourquoi les bonnes plaquettes publicitaires font-elles, depuis toujours, appel aux témoignages des clients ? Pour faire plaisir à qui, selon vous ? Aux clients en question, qui se sentent valorisés et fidélisés du même coup. Mais lesdits témoignages sont aussi là pour convaincre du bien-fondé de votre offre. Le marketing évolue, mais pas sur ce point : les baromètres de satisfaction, les témoignages clients sur les sites internet, les avis pour les hôtels ou les restaurants restent essentiels.

> **EXEMPLES :**
>
> « Écoutez, Monsieur. Vous me parlez de gains de productivité, je pourrais argumenter pendant des heures… Mais je vous propose plutôt de lire quelques instants ce que dit monsieur Untel par rapport à notre solution. »
>
> « Nous avons choisi de faire témoigner certains de nos clients *via* des vidéos. Je vous propose de regarder 90 secondes avec moi sur cette tablette, et par la suite, j'écouterai avec grand plaisir vos questions. »
>
> « Madame, je vous invite à lire ce témoignage de notre client qui fait part de son expérience après l'utilisation de notre produit. »

TECHNIQUE N° 13 : LA MINIMISATION

La plus ancienne ficelle des techniques de persuasion est de découper en plusieurs strates le reproche du client.

Vous-même avez avalisé cette logique de mensualisation dans la vie courante. Votre mobile, vos impôts, votre électricité, votre abonnement télévision : vous réglez aujourd'hui les factures inhérentes à ces différents services chaque mois. Alors, pourquoi ne pas appliquer la même technique dans votre travail de vente ?

La minimisation est une technique très éprouvée dans plusieurs domaines professionnels, notamment en politique : les politiciens, de gauche comme de droite, ont appris depuis quelques années à avoir la victoire modeste à l'annonce des résultats électoraux. Ils minimisent leur victoire… mais aussi leur défaite, en la découpant par tranches, c'est à dire en régions, voire en mairies quand la défaite est vraiment trop lourde à porter.

> **EXEMPLES :**
>
> « C'est vrai, nous sommes 14 % plus cher. Ces 14 % représentent 120 euros sur un produit qui devrait être utilisé 24 mois soit un écart de 5 euros par mois. La question que vous me posez, c'est : "Qu'est-ce qui justifie de payer, en gros, 1 euro de plus par semaine ?" »
>
> « Oui, c'est vrai, la consommation couleur de notre imprimante est 11 % supérieure à celle de mon confrère. Cela représente, pour vous, un effort de 27 euros par mois. En fait, ce que je vous propose, c'est de faire des impressions dignes d'un photographe pour 27 euros de plus par mois. »

TECHNIQUE N° 14 : LA PREUVE SOCIALE

Si une partie de la société fait cela, alors c'est la bonne chose à faire. La preuve sociale est un phénomène psychologique et un argument de réassurance puissant. Elle peut être portée par différents moyens :

- L'expert, qui est légitime dans son domaine.
- La célébrité, qui utilise un parfum qui est donc par définition de bon goût.
- La foule, car si 300 000 personnes utilisent un service, c'est qu'il est bon.
- Les logos clients sur votre plaquette, qui sont des références de vos offres.
- Les articles de presse, ou les livres.

> **EXEMPLES :**
>
> « Écoutez, Monsieur. Cette assurance maison est choisie par plusieurs directeurs de banque de la région qui connaissent bien le sujet. »
>
> « Les enseignes du meuble apprécient nos produits, et pour tout vous dire, la plus illustre d'entre elles dans le monde, Ikea, travaille avec nous depuis de longues années. »

TECHNIQUE N° 15 : LA MÉTAPHORE

La métaphore est toujours, selon le dictionnaire Hachette, « une figure de rhétorique qui consiste à donner à un mot un sens qu'on ne lui attribue que par une analogie implicite ».

La métaphore s'adresse directement à l'inconscient, afin d'amener un changement radical de perception, et elle est fondée sur des raisonnements qui ne sont pas toujours logiques.

Nous ne craignons pas de faire usage de métaphores avec les enfants lorsque le temps est venu de faire des démonstrations. Il ne faut surtout pas s'en priver avec les adultes, mais évidemment cela doit être préparé. Faisons un essai tout de suite : « Quelle est la métaphore que vous pourriez utiliser pour présenter votre offre ? » en toute humilité bien entendu.

> **EXEMPLES :**
> « Notre produit est à l'assurance-vie ce que Zidane est au football ! »
> « Demain, si vous achetez ce four, vous aurez l'impression d'être le Bocuse de la région ! »
> « Avec cette caméra, vous travaillerez à l'identique des laboratoires de cinéma de Nolan ou James Cameron ! »

TECHNIQUE N° 16 : LE FOCUS AVANT

Dans le cas de figure où vous êtes confronté à une objection de forme globale, l'idée principale est de vous mettre à argumenter sur un détail précis de votre offre. Cette méthode du « focus avant » vous permettra d'affronter avec succès quasiment toutes les situations que vous serez amené à rencontrer à l'avenir.

> **EXEMPLES :**
> Client : « Vous avez des lacunes sur le service après-vente ! »
> Zoom avant : « J'entends bien, Monsieur. Ce que vous me dites ne me surprend pas, certains clients m'ont dit la même chose mais ont néanmoins fait le choix de notre produit car, dans notre service après-vente, il existe une dimension essentielle : le temps de réponse ! Et savez-vous que le magazine *Capital* nous a placés en tête des opérateurs téléphoniques pour le temps de réponse ? Eh oui, il nous faut 5 secondes en moyenne pour répondre à votre demande ! »
>
> Client : « L'image de votre profession est parfois négative. »
> Zoom avant : « C'est vrai que dans notre profession, comme dans beaucoup d'autres, il y a des brebis galeuses. Je vous garantis que notre enseigne immobilier développe des démarches RSE, dont nous parlons peu. Par exemple, nous collectons dans nos agences des jouets pour les enfants qui n'en ont pas lors des fêtes de fin d'année. »

TECHNIQUE N° 17 : LE FOCUS ARRIÈRE

La spécificité de la technique du « focus arrière » est de vous aider à répondre à une question très précise de votre interlocuteur. Naturellement, comme son nom l'indique, elle est l'inverse de la précédente !

> **EXEMPLE :**
>
> Client : « Votre *call center* met trop de temps à décrocher ! »
> « J'entends bien, Madame, ce que vous me dites ne me surprend pas ; certains clients m'ont dit la même chose mais ont, néanmoins, fait le choix de notre produit car le sujet que vous avez abordé est fondamental. En effet, il s'agit du service après-vente dans sa globalité. Nous avons construit une relation durable sur le service après-vente en intégrant cela dans notre charte de qualité et dans nos engagements clients. Par ailleurs, le département après-vente est rattaché à une direction afin de suivre, chaque mois, *via* une étude d'un cabinet extérieur, sa performance globale et notamment le niveau de satisfaction du consommateur. Essentiellement quand ledit consommateur récupère son produit car c'est bien à ce moment-là, et seulement à ce moment-là, que nous pouvons juger du niveau dudit service après-vente. »

TECHNIQUE N° 18 : L'AUTORITÉ

L'autorité est la crédibilité personnelle en beaucoup plus puissant. Pour parvenir à un degré d'autorité utile, il est important que vous puissiez suivre un axe qui, au nom de votre société, paraît incontournable, ou bien que vous ayez quelque chose en vous qui évoque l'autorité.

Pour vous en convaincre, voici une petite histoire qui vous rappellera sans doute quelque chose…

La scène se déroula un jour de finale de Coupe du monde de football. Un joueur mit un coup de tête à l'un de ses adversaires. Ce joueur était un sportif talentueux, fort, reconnu de tous, tandis que l'adversaire était une sorte de « sans grade » comme il en existe tant dans l'univers du football.

Une règle du football interdisant formellement le coup de tête, le joueur de « génie » fut expulsé définitivement du terrain… et son équipe perdit la Coupe du monde. Pour pousser l'histoire un peu plus loin, nous pourrions imaginer que ce fut le dernier match du génie…

Le premier jour, *tout le monde* s'accorda à dire qu'un tel comportement était inacceptable de la part d'un champion. Les lois du football, jeu universel, faisaient autorité.

Puis le génie parla : on aurait insulté sa sœur, il ne regrettait donc en rien sa réaction.

Pendant huit jours, *tout le monde* se posa la question de savoir comment chacun aurait réagi à sa place… puis on finit par trouver son coup de sang logique.

Ce joueur génial était tellement reconnu qu'il réussit à faire autorité au même titre que les lois – lois qui risquaient alors d'apparaître presque mauvaises…

> **EXEMPLE :**
>
> « Monsieur, en ce domaine, nous sommes reconnus comme des experts, classés en première position dans tel magazine. Nous avons d'ailleurs dupliqué ces schémas dans différents pays et, pour ne rien vous cacher, le ministère de l'Économie nous consulte régulièrement sur ce type de sujet. »

TECHNIQUE N° 19 : LA MISE EN SITUATION

Cette technique se fonde sur l'émotion et la visualisation. Elle vous permet de montrer à votre client tous les avantages qu'il va trouver en choisissant votre produit ou votre solution.

Ladite technique amène votre client vers l'acte d'achat puisque vous vous adressez à lui comme s'il avait déjà acheté. Nous retrouvons cette façon de faire dans de nombreux métiers, preuve irréfutable de son efficacité. Par exemple, de nos jours, on peut créer sa cuisine ou encore son salon en 3D *via* un logiciel fourni par de multiples enseignes. Une mise en situation optimale offre la possibilité d'intégrer la véritable taille de sa pièce, les fenêtres adéquates, tout comme l'envergure des meubles déjà en place.

Les promoteurs immobiliers réalisent des démonstrations vidéo en 3D, ajoutant même des images des enfants en train de jouer dans leur chambre ou dans le jardin. Le client visualise sa maison… qui n'est pas encore construite !

EXEMPLES :

« Donc, quand vous commanderez vos produits, nous vous livrerons la farine dans ce format et ce conditionnement. Je vous laisse ouvrir le sac pour que vous puissiez voir ce que vous vivrez chaque matin quand vous ferez votre pain. »
« Madame, Monsieur, quand vous serez installés dans cette maison, vous pourrez, dans un deuxième temps, faire construire une véranda afin d'y voir grandir vos enfants. »

TECHNIQUE N° 20 : LA DRAMATISATION

La fatalité, dans le sens d'enchaînements fâcheux d'événements ou de coïncidences malencontreuses, peut aider un vendeur à se sortir de situations délicates sans répondre sur le fond. La dramatisation, c'est l'art de la fatalité.

C'est un excellent moyen pour que votre interlocuteur parvienne à prendre du recul. Généralement, on ajoute à la fatalité un peu de prospective.

Il ne faut pas hésiter à user de cette méthode, notamment si vous pensez que l'affaire est sur le point de vous échapper, en montrant à votre interlocuteur les conséquences de son refus. La dramatisation peut s'appuyer sur le phénomène de l'inévitabilité pour renforcer le message.

EXEMPLES :

Vendeur : « Monsieur, que va-t-il se passer si vous n'obtenez pas très rapidement votre prêt automobile ? »
Client : « Eh bien, je vais louper la bonne affaire de cette voiture d'occasion ! »
Vendeur : « Et cela serait gênant de louper cette bonne affaire ? »
Client : « Oui ! Car cela fait longtemps que je cherche cette voiture… Et puis, si je la loupe, je devrai repartir en recherche active ! »
Vendeur : « En fait, pour vous, ce qui est le plus important et fondamental, c'est donc de recevoir le virement le plus rapidement possible… »

« Écoutez, je vais vous dire ce qu'il va se passer si nous ne faisons pas un grand plan logement en France : vos enfants ne pourront pas acheter leur logement dans quinze ans ! »
« Si vous ne souscrivez pas à notre contrat d'assurance et que vous tombez en panne lors de vos vacances en Espagne, l'ensemble des frais sera à votre charge ; et vous savez comme moi qu'ils peuvent correspondre à un coût prohibitif ! »

TECHNIQUE N° 21 : LE DOUTE

Quand on dit « sans aucun doute », cela signifie que c'est incontestable ! L'inverse, le principe même du doute, est de remettre en cause un principe établi. Cette technique du doute doit être utilisée de manière exceptionnelle, dans des situations réellement difficiles ou réputées comme telles.

Sous aucun prétexte ladite technique ne doit prendre la forme suivante : « Êtes-vous certain de… ? » ou « Avez-vous bien regardé… ? » Votre interlocuteur, ne voulant pas être pris en défaut, répondrait naturellement « oui ». Il pourrait même ajouter : « Vous doutez de ma compétence sur le sujet… »

Le doute « idéal » est une forme de sous-entendus, voire d'allusions. Cela peut également être une ultime tentative pour changer une fin prévisible, spécialement quand on est en train de perdre une affaire. L'usage veut que l'on soit « beau joueur » en cas de défaite… mais cela n'empêche nullement d'insinuer le doute dans l'esprit de votre interlocuteur.

En rhétorique, cette technique peut prendre la forme d'une prétérition. Elle fait dire qu'on ne veut pas parler d'une chose tout en laissant un sous-entendu : « Je ne parlerai pas de votre bilan sur le sujet, et pourtant… »

> **EXEMPLE :**
>
> « Madame, je vois que vous avez vraiment étudié ce sujet de A à Z. Permettez-moi d'attirer votre attention sur un point qui, pour être tout à fait honnête, ne vient pas de moi, car je n'ai pas toutes les informations à ce sujet, mais d'un client qui m'en a parlé la semaine dernière. Il apparaît qu'en comparant X et Y, on s'aperçoit qu'il y a parfois un écart sur… »

TECHNIQUE N° 22 : LA POSITION BASSE

« La modestie doit être la réaction naturelle de l'homme qui reçoit les acclamations que lui ont valu le sang versé par ses subordonnés et le sacrifice de ses amis. »

Dwight David Eisenhower

Non, vous ne vous trompez pas, nous parlons bien de la position basse en technique d'argumentation ! En réalité, la position basse est un état d'esprit à adopter à un moment précis dans le processus de vente. Celle-ci ne peut intervenir que spontanément, et une seule fois, notamment dans les ventes répétitives. Sinon, votre vis-à-vis pourrait avoir une image négative de vous, et durablement ! La position basse est caractérisée par les personnages joués jadis par Michel Blanc dans certains films, avec Bernard Giraudeau ou Gérard Depardieu comme partenaire. Michel Blanc endossait toujours le rôle du pénible face à des superstars de l'écran, beaux et forts. Et pourtant, au bout du compte, lequel d'entre eux attirait la sympathie du public ? La plupart des succès français au cinéma se fonde sur un duo, avec un personnage fort et un personnage plus faible, en position basse. Dany Boon dans son film *Bienvenue chez les Chtis* en est un autre exemple.

Georges K. Simon, psychologue clinicien, explique que les manipulateurs jouent les victimes afin de gagner la compassion ou la sympathie des autres. Cette attitude oblige votre interlocuteur à rester décontracté et, la plupart du temps, à devenir plus sympathique, par pure bonté d'âme, par dépit… ou même par pitié !

> **EXEMPLE :**
> Humilité… humilité… humilité.

TECHNIQUE N° 23 : L'ANTICIPATION

Dans la majeure partie des situations, vous devez laisser l'objection faire corps et se montrer. Néanmoins, dans certains cas de figure bien précis, anticiper l'objection peut se révéler fort utile. D'une part pour éviter d'être confronté à une objection en début d'entretien – sur le sacro-saint principe de « faute avouée, à demi pardonnée » – et d'autre part dans l'optique de porter la contrainte mentale sur votre interlocuteur.

En fonction du profil de ce dernier, et notamment face à un joueur ou un autoritaire, l'anticipation sert à déminer savamment le terrain.

Par ailleurs, n'oubliez pas que l'anticipation est tout simplement susceptible d'être un « leurre » en direction dudit interlocuteur. Qu'est-ce que le leurre ? C'est un artifice employé pour attirer et souvent pour tromper autrui.

L'art de guider votre partenaire de négociation sur telle piste a l'avantage de l'empêcher d'en suivre une autre. Et puis, soyez convaincu qu'un bon acheteur travaillera coûte que coûte les deux pistes. Conclusion : vous ne prenez pas de grands risques en tentant de le mystifier !

La technique de l'anticipation vous aide également à faire obstacle à une phrase du type : « Vraiment, monsieur, si vous me demandiez un effort sur ce point je serais réellement embêté… », phrase qui serait le moyen pour votre interlocuteur d'aborder un point précis. Lorsque le torero cherche à attirer le taureau vers lui, n'agite-t-il pas un chiffon rouge sous ses naseaux ?

> **EXEMPLES :**
> « Madame, vous allez me dire que nous étions en rupture de stock la semaine dernière et vous aurez raison, ce n'est pas notre engagement. La question que vous vous posez, c'est certainement : "Mais pourquoi sont-ils en rupture de stock ?" Eh bien, je vais vous le dire : parce que nous sommes victimes de notre succès ! Nous venons donc de prendre la décision de doubler notre capacité de production. Et puis, pour conclure sur ce sujet, et afin que cela ne se produise plus, nous avons aussi préparé une nouvelle opération commerciale qui compensera cette lacune. Souhaitez-vous que je vous la présente ? »
> « Monsieur, vous allez certainement m'expliquer que la taille de mon entreprise ne correspond pas à la taille de votre projet… Je souhaite vous parler précisément de ce point pour vous expliquer les trois raisons majeures qui font que la taille de notre entreprise est *justement* parfaitement adaptée à votre situation. »

À appliquer si vous êtes persuadé de débuter l'entretien par des reproches. Le problème réside dans le fait que l'on ne peut jamais en être certain…

TECHNIQUE N° 24 : LE VOUS/VOUS/MOI

Cette méthode est une application de la psychologie de l'engagement qui se fonde sur un principe simple : faire exprimer des opinions favorables au client – sur les bénéfices qu'il attend et que votre offre ou service est en mesure de lui procurer – avant de présenter l'argument choc ou de poser l'ultime question.

1. Le premier « vous » reformule la demande et permet d'obtenir une première opinion favorable.
    - Objectif : montrer que vous avez écouté et compris la demande du client.
    - Exemple : « Vous m'avez bien dit que vous recherchiez… »

2. Le second « vous » renforce votre compréhension de ses enjeux et permet d'obtenir une deuxième opinion favorable.
   - Objectif : mettre en avant ce qu'il risque de perdre ou ce qu'il peut gagner.
   - Exemple : « Et arrêtez-moi si je me trompe, mais avec votre activité/vos ambitions, il me semble que vous ne pouvez pas vous permettre de prendre le risque de… »
3. « Moi/je » pour argumenter.

> **EXEMPLE :**
> « C'est pourquoi je vous conseille/recommande [cette offre/ce service/ce produit] qui vous garantira [l'argumentaire choc]. »

4. Silence pour écouter la réaction du client puis creuser si besoin.

Ainsi, vous démontrez au client que vous avez compris son besoin, ses enjeux, et que votre proposition est naturelle et légitime. Vous posez de cette façon les conditions favorables pour une bonne conclusion en allant chercher les premiers « oui » ; et en faisant s'exprimer le client sur les éléments prioritaires, vous limitez les objections de type « je vais réfléchir » ou, pire, « cela ne m'intéresse pas ».

Outre sa fonction de reformulation, cette méthode peut également être appliquée pour refuser quelque chose à votre client. La troisième étape de la méthode « moi/je » se décompose alors en trois temps :

1. Dire non.
   - Sans porter le moindre jugement de valeur.
   - En rappelant les principes de collaboration avec votre entreprise, les règles…
2. Expliquer les raisons de votre refus.
   - Mettre en avant les risques pour le client.
   - Malgré la frustration du client, le rassurer sur l'intérêt de la décision pour le futur.
3. Conclure positivement.
   - Traiter les résistances si nécessaire.
   - Réaffirmer les intérêts réciproques à travailler ensemble.

TECHNIQUE N° 25 : LE REPORT

C'est l'une des premières techniques à apprendre au moment d'une prise de poste en *B to B* : le report de réponse. Il est tout à fait acceptable d'expliquer à son interlocuteur que l'on ne sait pas. En revanche, il n'est absolument pas envisageable d'oublier de revenir avec la réponse exacte !

Un interlocuteur comprendra aisément votre report de réponse… si vous savez l'amener naturellement. Il vaut mieux éviter les : « Écoutez, je suis vraiment embêté… », « Eh bien, là, vous m'avez coincé… » Nous avons certes toujours un peu honte de ce moment qui signifie : « C'est mon métier mais je ne sais pas… » Pourtant, vous ne devez pas être gêné le moins du monde ! Votre interlocuteur ne sait pas non plus tout sur tout, fort heureusement.

> **EXEMPLES :**
>
> « Écoutez, Monsieur, je pourrais vous donner une réponse mais je crains qu'elle soit partielle ou incomplète. Afin de vous apporter la réponse exacte, je vous propose de vous recontacter cet après-midi par téléphone. Mis à part ce point, voyez-vous autre chose avant de conclure ? »
>
> « Madame, votre question montre votre expertise sur le sujet… Eh bien, je vous prends au mot. Afin de vous apporter la meilleure réponse possible, je vais demander à mon expert produit son avis sur cette solution d'épargne. Nous aurons donc nos trois opinions pour prendre une décision. Puis-je vous rappeler ce soir à ce sujet-là ? »

En outre, vous gagnez ainsi l'occasion de reprendre contact avec votre client !

TECHNIQUE N° 26 : LE CONTRASTE

Le contraste est une opposition prononcée entre deux choses ou deux personnes, chacune mettant l'autre en relief. Dans la vie de tous les jours, le contraste est frappant, donc marquant.

Dans votre maison, lorsque vous faites des travaux, un effet de contraste est immédiatement visible. Lorsque vous changez de voiture et passez à une gamme supérieure, ou, au contraire, inférieure, le contraste est visible également. Cet effet est autant valable pour vous que pour vos amis et vos voisins.

Un tel parallèle est admissible dans l'entretien de vente. L'ensemble des éléments perçus favorise le contraste entre deux commerciaux, deux sociétés, par exemple :

- la tenue ;
- l'apparence ;
- la plaquette publicitaire ;
- l'offre.

Le contraste, c'est bien souvent ce qu'il reste à la fin d'une comparaison. « Ah oui, c'est celui qui était comme cela », « Ah oui, c'est vrai ! Leur offre est plus innovante ! »

De votre côté, nous vous invitons à réfléchir quelques instants à des effets de contraste par rapport à vos produits ou à vos concurrents.

> **EXEMPLES :**
> « Écoutez, Madame, vous me parlez des différentes couleurs de notre produit. Je vous montre ici l'ancienne gamme de couleurs. Juste à côté, voici la nouvelle gamme. Qu'en pensez-vous ? »
> « Alors, Madame, comme je vous le disais, voici cette première voiture, sans options ; et voici la seconde, avec options et deux places supplémentaires. Qu'en pensez-vous ? »

Dans ce cas-là, il y a même un choix truqué, c'est à dire un non-choix !

TECHNIQUE N° 27 : LA RESPONSABILITÉ

Être un commercial signifie aussi occuper un poste à responsabilités ; il est inenvisageable de les fuir, surtout quand survient une erreur. Quand tout va bien, mieux vaut rester modeste pour être justement en position de force lorsque la situation viendra à se dégrader. On en revient toujours à l'éternel sujet qui caractérise les vendeurs : leur ego !

Certains aiment se prétendre et se montrer infaillibles. Mais le danger est qu'ils n'acceptent plus l'idée de commettre une erreur. Or, assumer une faute inhérente à l'entreprise elle-même ou à l'un des collaborateurs fait partie de la mission du commercial. Voilà pourquoi on finit par se retrouver face à des vendeurs – ou des managers – qui ont réponse à tout, tout le temps, toujours… en justifiant parfois l'injustifiable.

En ce qui vous concerne, appréciez-vous d'entendre : « Ce n'est pas moi ! », « Ce n'est pas ma faute ! », « C'est Machin qui a fait une erreur ! » ?

Peut-être, alors, préféreriez-vous à cela : « Je comprends et je prends en charge ! », « Effectivement, vous avez raison ! Voici donc ce que je vous propose… »

Dès lors que vous êtes responsable et que vous vous positionnez parfaitement dans le rôle de celui qui assume, votre interlocuteur sera naturellement enclin à ne pas en rajouter, du moins huit fois sur dix.

> **EXEMPLE :**
> « C'est vrai, Monsieur, nous avions un engagement de livraison semaine 18, à 8 h du matin, sur le quai 9, et nous avons connu un retard de 24 heures. Je pourrais vous donner toutes les raisons de ce retard mais ce n'est, de mon point de vue, pas acceptable de toute façon. C'est ma faute. Voici ce que je vous propose pour compenser cette erreur… »

En effet, dans les relations commerciales, et dans la plupart des cas, compenser les fautes coûte que coûte est une obligation à laquelle il n'y a pas à déroger. Parfois, il advient qu'une telle logique ne soit pas respectée, notamment quand le fournisseur estime avoir déjà beaucoup apporté à son client. Néanmoins, incontestablement, la notion d'apport doit être supérieure à l'effort consenti initialement par le client lui-même.

> **EXEMPLES :**
> « Oui, Madame, c'est ma faute ! »
> Cas d'une prospection sur un ancien client :
> « Oui, Monsieur, vous avez raison de m'objecter que nous avions un engagement il y a deux ans qui n'a pas été tenu, et sachez que je le prends très au sérieux. La preuve, je me sens responsable, et je suis aujourd'hui devant vous plutôt que de fuir. »

TECHNIQUE N° 28 : L'HYPERBOLE

Voici un mot compliqué pour expliquer quelque chose de très simple… L'hyperbole est fille de l'exagération. C'est une figure de style consistant à exagérer l'expression d'une idée ou d'une réalité afin de la mettre en relief. Elle joue sur l'intensité en magnifiant ou rabaissant une idée tout en jouant sur l'ironie. « Ils approchèrent enfin de la première maison du village, elle était bâtie comme un palais d'Europe. » (*Candide* de Voltaire.)

> **EXEMPLES :**
>
> Magnifier une idée :
> « Madame, cette offre commerciale est, de ce que me disent la plupart de nos clients, une machine à générer du *business* ! »
> Rabaisser une idée :
> « Cher client, l'offre de mon concurrent est tellement puissante qu'elle va permettre à l'intégralité de votre profession d'arrêter de travailler… » + sourire.

TECHNIQUE N° 29 : LE LIEN AFFECTIF

Avec cette technique, nous sommes sur les fondamentaux de la vente. Il n'est pas nécessaire d'utiliser un chantage émotionnel pour rappeler à quelqu'un la qualité des relations nouées. À l'heure où on sous-entend que la qualité des relations humaines n'a plus cours dans les relations commerciales, nous affirmons haut et fort que le lien affectif existe encore… si vous avez réussi à le démontrer tout au long de la relation.

> **EXEMPLES :**
>
> Client : « Écoute, ton concurrent a une offre plus adaptée à mon besoin. »
> Commercial : « C'est une bonne nouvelle car cela va augmenter ta propre offre. Néanmoins, cela me gêne, car je ne voudrais pas que cinq ans de bons et loyaux services soient jetés à la poubelle aussi rapidement. »
> Client : « Non, évidemment il n'en est pas question, je me souviens de ce que tu as fait pour moi ! »
> Commercial : « Écoute, je te propose qu'on regarde ensemble l'offre de mon concurrent, et que je te trouve une solution pour compenser l'écart, voire faire mieux en juxtaposant les bonnes idées. »

TECHNIQUE N° 30 : LE PARI

Cette technique, qui s'inscrit dans la famille « prise de risques », est favorisée par la relation de pouvoir et de posture entre deux interlocuteurs. L'objectif est de déplacer l'argumentation vers la capacité de votre interlocuteur à prendre des risques, donc à montrer qu'il a du pouvoir. Cette technique permet d'obtenir d'excellents résultats face à certaines personnalités extraverties et « joueuses ».

Après votre argumentation et quelques échanges sur ces points, vous vous adressez à votre interlocuteur sur le registre personnel et engageant du traditionnel : « Est-ce que vous êtes capable de décider et de prendre un risque ? » Au-delà de la possibilité d'obtenir un « oui », vous inversez la charge de l'objection chez l'acheteur.

> **EXEMPLES :**
> Client : « Écoutez, Monsieur, je vais devoir réfléchir et approfondir notre sujet. »
> Vendeur : « Bien sûr, mais compte tenu de votre fonction et de votre expérience, ne seriez-vous pas capable de décider d'un test dès maintenant ? »
> Client : « Si, mais c'est une décision importante. »
> Vendeur : « Je suis certain que vous pouvez néanmoins décider de tenter ce pari aujourd'hui si je fais un effort sur le prix, n'est-ce pas ? »

L'orgueil et la vanité feront le reste… surtout si votre interlocuteur est sous le regard d'un de ses collaborateurs. Dans notre jeunesse, nous n'avons que rarement résisté à un « t'es pas cap ! ».

2 LES ERREURS FATALES DES TECHNIQUES D'ARGUMENTATION PERSUASIVES

Cette section est inutile pour la plupart des vendeurs. Elle concerne effectivement les techniques d'argumentation à n'utiliser sous aucun prétexte !

En amont desdites techniques, nous pouvons d'ores et déjà nous remémorer les sept péchés capitaux de Saint Thomas d'Aquin, ce dominicain maître en théologie, énoncés dans les années 1250 :

- l'avarice ;
- la colère ;
- l'envie ;
- la luxure ;
- la paresse ;
- la gourmandise ;
- l'orgueil.

Ces sept péchés, que l'on pourrait aussi qualifier de vices, semblent également être des freins à une excellente relation commerciale ; mais nous vous laissons seul juge car nous souhaitons plutôt vous parler de techniques encore plus pernicieuses.

Ces techniques sont celles qui nous exaspèrent tous au plus haut point. Elles envoient par nature un signe extrêmement négatif à votre interlocuteur. Elles sont par ailleurs facilement reconnaissables : nous les détestons quand nous sommes amenés à les subir.

De temps en temps, sous une quelconque contrainte mentale, il peut nous arriver d'utiliser l'une d'entre elles soit par dépit soit par le biais d'un réflexe de conditionnement interne. De fait, leur maniement découle rarement d'une décision volontaire ; seuls les mauvais commerciaux sont concernés par l'utilisation raisonnée de ces techniques à proscrire.

Ce dernier cas de figure est une conséquence assez logique, finalement, du manque d'engagement de certains collaborateurs qui n'ont pas l'autonomie suffisante pour s'engager dans une voie plutôt que dans une autre – ou qui n'ont tout simplement pas, ou plus, envie de faire autrement. En tant que consommateur lambda, nous endurons régulièrement ce type de réponses.

ERREUR N° 1 : LE MENSONGE

Le mensonge est une assertion contraire à la vérité avec le dessein évident de tromper. Il est à la vente ce que la main, dans la surface de réparation, est au football : elle mérite un carton rouge qui s'apparente à une faute grave. Ne nous y trompons pas, un seul mensonge à un client décrédibilise l'émetteur et, par ricochet, l'employeur.

Au sein de l'entreprise, un collaborateur qui ment, par omission ou par choix, à sa hiérarchie, doit être placé sous surveillance étroite.

Le mensonge se tapit presque partout : conditions de prix, délai de livraison, engagements non tenus…

En tout état de cause, nous suggérons à l'ensemble des encadrants de se préoccuper de ce sujet très sérieusement, *via* un questionnaire qui servira d'outil pour mesurer la satisfaction de leur clientèle. Cela peut prendre la forme d'un baromètre de qualité de service, par exemple.

La plupart des commerciaux sont honnêtes. Un tel questionnaire, dûment renseigné, deviendra une belle vitrine pour votre livre d'or et la prospection.

> **EXEMPLES :**
> « Mais non, je ne vous avais pas dit que je vous rappelais, Madame… »
> « Ah bon, je vous avais dit cela ? Je ne me souviens plus. »
> « Ce n'est pas possible que ma collègue vous ait dit cela. »

ERREUR N° 2 : LE « CE N'EST PAS MOI, C'EST L'AUTRE ! »

Le « Ce n'est pas moi, c'est l'autre ! » peut également se transformer en :

« C'est la faute de mon patron ! »

« C'est la faute de mon entreprise ! »

« C'est la faute de mon assistante ! »

« C'est la faute de mon concurrent ! »

« Ce n'est pas moi qui traite cela ! »

« On a oublié de me le dire ! »

Nous sommes persuadés que vous reconnaissez ces cas précis car vous les avez déjà rencontrés dans votre vie professionnelle. Le « Ce n'est pas moi, c'est l'autre ! » ne rend pas crédible l'émetteur du message. La meilleure technique dans ce genre de configuration est encore la responsabilité. Le fait d'assumer les fautes de l'autre grandit le commercial. Idéalement, il faut être assez malin pour faire comprendre à votre interlocuteur que vous prenez en charge le problème, en adoptant le profil du « grand seigneur ».

> **EXEMPLE :**
> « Écoutez, Monsieur, je comprends que vous soyez mécontent de cette réponse de mon département. Je vais vous dire les choses clairement, je suis responsable. Donc, si vous devez en vouloir à quelqu'un, c'est à moi ! La question à régler à présent, c'est comment faire pour que nous rétablissions le bon process et surtout, que vous soyez satisfait sur la durée ? »

Le commercial qui fait bien son travail et qui tient son rôle tout au long de l'année s'entendra répondre « OK ! », peut-être même « vous ne pouvez pas vous occuper de tout ! ».

Pour convaincre les ultimes récalcitrants – il peut en rester quelques-uns ! – rappelons-nous ce que nous martelons à nos enfants à l'heure des règlements de compte : « Ce n'est pas beau de dénoncer ! »

ERREUR N° 3 : L'OPACITÉ TECHNIQUE

« Cet ordinateur portable possède 74,40 Go, et 79 900 368 896 octets sur le lecteur C. »

« Le full crédit permet dans le revolving de régler en permanence des intérêts. »

« Cet aspirateur a une puissance de 1 200 watts. »

« Le métrage se fait par la loi Carrez. »

« Ce produit d'assurance-vie est très simple, les frais de gestion trimestriels sont basés sur l'indice IP4 descendant ou ascendant mais capé à 2 %. En revanche, et c'est important pour vous, Monsieur, au bout de huit ans, et en fonction de dispositions ou pas dans un PEA, vous bénéficiez d'une exonération d'impôts, en dehors de la CSG/RDS, bien entendu ! »

Vous le constatez, tout comme nous, ces discours sont imbuvables pour des néophytes en la matière.

L'opacité technique est généralement involontaire mais peut laisser penser à votre interlocuteur que vous cherchez absolument à le déstabiliser, voire à lui cacher quelque chose. Nous avons étudié, en amont dans ce livre, la manière de transformer les caractéristiques en avantages et, du même coup, faire d'une opacité technique une compétence en faveur du client.

Sans hésiter, la meilleure technique demeure la construction de phrase sujet + verbe + complément ; et n'oubliez pas d'impliquer votre interlocuteur dans ce que vous avez à lui dire. À chaque fois que vous souhaitez utiliser un argument, pensez au QIPM, c'est-à-dire au « quel intérêt pour moi ? » du client.

> **EXEMPLE :**
>
> « Cet aspirateur a une puissance de 1 200 watts, il va donc vous permettre d'aspirer l'ensemble de votre salle à manger plus rapidement, et surtout de réussir à nettoyer le tapis de sol à l'entrée de votre maison, régulièrement sali par les chaussures des enfants. »

ERREUR N° 4 : LE « DE TOUTE FAÇON, C'EST COMME CELA ! »

« C'est vrai, Madame, nos process sont compliqués, mais c'est comme cela ! »

« Je suis d'accord avec vous, ce n'est pas simple, je l'ai dit à mon patron, mais de toute façon, c'est comme cela ! »

Il est acquis que certaines entreprises dépendent de procédures complexes, littéralement incompréhensibles pour le commun des mortels. Mais il y a également des entreprises qui organisent volontairement des procédures complexes. C'est une question de culture avec des équipes de contrôle plus puissantes que les équipes commerciales.

En tout état de cause, le commercial est tenu de démontrer clairement qu'il est à l'écoute et qu'il déploie des efforts pour trouver les raisons qui seraient de nature, finalement, à convaincre son interlocuteur que cette procédure est à son avantage.

> **EXEMPLES :**
>
> « Je comprends votre remarque, Monsieur. Vous n'êtes d'ailleurs pas le premier à m'en faire part. Néanmoins, les nombreux clients qui m'ont parlé de ces procédures ont finalement choisi notre solution. À votre avis, pourquoi ? » + repartir en argumentation.
>
> « En fait, la question que vous me posez, Madame, c'est en quoi cette procédure vous apporte un niveau de qualité supplémentaire ? »

ERREUR N° 5 : LE « DE TOUTE FAÇON, JE M'EN FOUS ! »

Cela ne prend pas la forme de cette phrase, mais c'est encore pire.

Malheureusement, cette technique est encore très répandue, notamment en *B to C*. Souvenez-vous…

- Le vendeur ne vous regarde pas quand vous entrez dans un magasin… Aucun risque qu'il argumente puisqu'il ne vient même pas vous voir.
- Le vendeur vous regarde mais reste assis à son bureau à « travailler » sur son ordinateur ;
- Le vendeur lève les yeux au ciel quand vous posez une question.

Dire que certaines entreprises dépensent des sommes considérables en marketing pour attirer des clients !

5 CHAPITRE
Et s'il y a négociation ?

Vous l'avez compris, à chaque instant de l'entretien de vente, de (très) nombreux paramètres peuvent influencer l'autre : votre posture, le ton de votre voix, les mots et les tournures de phrases que vous prononcez.

Au moindre doute, le cerveau de votre interlocuteur se met en mode défensif et votre client adopte alors une attitude beaucoup moins constructive.

Grâce aux nombreuses recherches notamment celles menées par Antonio Damasio, neuroscientifique renommé, nous savons que les émotions jouent un rôle déterminant dans notre prise de décision.

Or, l'émotion principale que notre cerveau cherche à reproduire de manière constante, est la joie et l'ensemble de ses dérivés, comme la confiance.

La confiance est justement la base de la négociation dite raisonnée, à savoir celle qui vise la satisfaction des intérêts mutuels.

Vous voyez où nous voulons en venir ?

La négociation intervient une fois que les protagonistes ont décidé de collaborer mais qu'il reste encore les conditions à définir. Ce qui signifie, évidemment, qu'il n'y aura négociation que si les deux parties acceptent ce jeu relationnel, imprévisible par définition mais qui nécessite pourtant une mise en scène bien huilée. Il y a bien entendu des cas de négociateurs qui ne veulent pas avancer avec vous mais avec des concurrents : c'est parfaitement légitime et bien souvent, le concurrent a fait son travail.

Fort de l'envie d'avancer ensemble, à des conditions acceptables pour tous et dont le scénario s'appuie sur une notion de confiance, vous pourrez alors vous assurer de vendre au bon prix (en anglais, *pricing power*). Une fois cette compétence majeure acquise, vous aurez la garantie de vous différencier de la concurrence, d'apparaître comme un leader et, surtout, de maintenir les marges de l'entreprise.

1 L'IMPACT DE LA BAISSE DES PRIX SUR LA PERFORMANCE ÉCONOMIQUE DE L'ENTREPRISE

Pour cette prise de conscience, nous vous proposons de vivre un cas pratique et de sortir votre calculatrice.

Vous êtes le directeur de l'entreprise AdiNike depuis six mois et vous cherchez évidemment à développer votre entreprise de manière durable. Vous vendez des baskets, d'une part dans la direction gamme féminine, avec un million de paires de baskets par an vendues 59 €, et d'autre part dans la direction gamme masculine, avec également un million de paires de baskets par an vendues 59 € *via* deux forces de vente distinctes. Vous faites confiance aux directeurs des deux gammes. Les charges sont de 50 millions d'euros pour la gamme féminine et de 50 millions d'euros pour la gamme masculine.

Nous vous proposons deux stratégies commerciales :

- Stratégie 1 de la gamme féminine : « J'ai une stratégie innovante à vous proposer… J'y ai bien réfléchi et je vous recommande fortement de baisser de 5 % le prix de vente, soit 56,05 €, pour augmenter les ventes de 15 %, soit 1 150 000 ventes. Les charges seraient en croissance de 15 %, soit 57 500 000 €. »
- Stratégie 2 de la gamme masculine : « De mon côté, j'ai pensé à une autre stratégie et je voulais que vous puissiez la challenger. Il faudrait augmenter de 5 % le prix de vente, soit 61,95 €, et accepter une baisse des ventes de 15 %, soit 850 000 ventes. Les charges seraient alors en baisse de 15 %, soit 42 500 000 €. »

Question : de votre point de vue, quelle est la bonne stratégie ?

	Gamme féminine		Gamme masculine	
	Année 1	Année 2	Année 1	Année 2
Prix de vente	59,00 €	56,05 €	59,00 €	61,95 €
Nombre de ventes	1 000 000	1 150 000	1 000 000	850 000
Chiffres d'affaires	59 000 000 €	64 457 500 €	59 000 000 €	52 657 500 €
Charges	50 000 000 €	57 500 000 €	50 000 000 €	42 500 000 €
Résultat	9 000 000 €	**6 957 500 €**	9 000 000 €	**10 157 500 €**

On voit bien dans le tableau que la stratégie de la gamme masculine en année 2 est beaucoup plus rentable que la stratégie de la gamme féminine en année 2. Dans ce cas, on peut constater qu'augmenter le prix de vente accroît considérablement la rentabilité des opérations et que baisser le prix de vente, c'est altérer le taux de marge de plus de 10 % – ce qui veut dire, en marge nette, construire un résultat négatif pour l'entreprise.

Que faut-il retenir du cas AdiNike ? Votre capacité à négocier, votre *pricing power*, a un impact considérable sur le résultat financier de votre entreprise. Dans nos marchés, nous sommes tous confrontés à une guerre des centimes qui nécessite une prise de conscience durable : cela fait partie intégrante de votre job et vous devez être aligné avec la stratégie de l'entreprise sur le sujet.

2 | LES MYTHES DE LA NÉGOCIATION

Il existe des mythes de la négociation commerciale tant elle fascine et ils nous concernent tous, construisant ainsi des légendes. La négociation commerciale est un art bien plus qu'une science et repose sur un certain nombre de techniques, à utiliser au cas par cas.

MYTHE 1 : LE GAGNANT-GAGNANT EST LA BASE DE LA NÉGOCIATION COMMERCIALE

Cette théorie est la conséquence d'une étude menée par Robert Axelrod, qui a publié un ouvrage en 1984 sur l'étude des comportements de coopération. La théorie du gagnant-gagnant, ou *win-win situation*, est reprise dans de nombreux livres, discours, formations. Or, la coopération est bien différente d'une négociation.

Ainsi, les pistes de mise en application proposées par Axelrod ne sont pas toutes adaptées aux phases de la négociation :

- **Ne pas chercher à gagner sur l'autre :** sincèrement ? Quand vous négociez, n'est-ce pas pour gagner ?
- **Ne pas être conflictuel :** sincèrement ? Ne connaissez-vous pas des négociations avec conflit ? Et qui finissent finalement bien ?

- **Ne pas paraître trop intelligent :** sincèrement ? Ce n'est pas ce qui prime chez toutes les personnes ayant une estime de soi ne serait-ce que moyenne ? (On ne gagne rien à passer pour un idiot !)

La stratégie d'Axelrod se fonde par ailleurs **sur la réciprocité**, quand cela se passe bien, mais aussi **quand cela se passe mal**. Cette approche a le mérite de nous faire réfléchir, mais il s'agit bien d'un mythe avec des prérequis qui ne peuvent pas fonctionner dans 100 % des cas.

MYTHE 2 : ON PARTAGE, « ON COUPE LA POIRE EN DEUX »

Quand on coupe la poire en deux, on pense faire un partage équitable des efforts consentis. Pourtant, cet exemple va vous démontrer le contraire : la mise en vente d'une maison au prix de départ de 150 000 euros.

Si l'acheteur en propose 140 000 euros et que le vendeur réplique par « on coupe la poire en deux et on dit 145 000 euros », chacun fait bien un effort de 5 000 euros. Cependant, cette somme va représenter un effort de 3,57 % pour l'acheteur, tandis que le vendeur concède un effort de 3,33 %.

De fait, l'un des deux individus consent bien à un effort supérieur pour une même somme ; ici, c'est l'acheteur qui fait un effort supérieur de 0,24 %.

Si vous connaissez ce théorème, vous pourrez l'appliquer en votre faveur :

- soit en l'expliquant pour résister, si vous êtes acheteur ;
- soit en l'utilisant, si vous êtes vendeur.

Il est certain que cette image de couper la poire en deux relève plus du marchandage que de la négociation commerciale.

Cette technique peut mener à des résultats calamiteux. En effet, selon les situations, un effort équivalent pour les deux parties peut être acceptable pour l'un mais pas du tout pour l'autre. Ce n'est donc pas du tout une solution magique.

MYTHE 3 : RÉUSSIR SA NÉGOCIATION, C'EST LA GAGNER

Parvenir à un accord, est-ce gagner ? La réussite possède une définition ambiguë, propre à chacun. On peut négocier, perdre à court terme et gagner à long terme, ou vice versa. Tout dépend de l'objectif que vous vous êtes fixé !

Dans le cas d'un achat immobilier, par exemple, imaginons que notre vendeur n'accepte pas notre prix avec une baisse de 10 %. Nous pouvons renoncer à l'affaire pour retrouver un autre bien, semblable, voire à un prix inférieur. À l'identique, d'un jour à l'autre, le coût du prêt immobilier peut augmenter ou baisser.

Dans le monde de l'entreprise, on peut participer à un casting de recrutement pour obtenir un poste, perdre lors de la négociation sur les contours de la mission… puis finalement, se retrouver quelques semaines plus tard en situation beaucoup plus favorable à la suite de la démission d'un collègue ou d'une réorganisation.

Et si finalement réussir sa négociation, cela pouvait aussi être la perdre ? Si votre objectif était de flatter l'ego de votre client, de gagner ce contrat à tout prix afin d'obtenir une référence précieuse ? Demandez-vous quel « trésor caché » potentiel peut apparaître quelques semaines plus tard…

MYTHE 4 : TOUJOURS DEMANDER UNE CONTREPARTIE

Tous les bons livres sur la négociation vous le diront, il faut toujours demander une contrepartie quand on fait une concession. Intellectuellement, cela est vrai. Humainement, c'est souvent décalé par rapport à « l'expérience client ». Pourquoi ne pas imaginer parfois faire les choses sans contrepartie tout en valorisant l'effort ? Et finalement, si c'était cela, la solution : trouver un accord sans négocier et ce, tout en tenant compte des indicateurs financiers.

« Écoutez, Monsieur, je comprends votre demande. Vous savez que notre offre est parfaitement compétitive sur le marché. Pour moi, notre relation est plus importante que cela et elle s'inscrit dans la durée. Donc, je vous dis oui sans contrepartie, sans réserve, et je suis ravi de vous satisfaire. Je sais que vous vous en souviendrez. »

Et si le client ne s'en souvient pas ? Alors tant pis, partez du principe que c'est un poisson volant, cela existe, mais normalement, les poissons nagent. Dans la plupart des cas, le client s'en souviendra. Et vous récolterez ce que vous avez semé.

MYTHE 5 : IL FAUT ÊTRE UN *KILLER* EN NÉGOCIATION

Le but de négocier est de trouver un accord. De nombreux accords furent et sont encore loupés par des attitudes de *killer* qui « bloquent » la négociation. Par expérience, nous constatons que les meilleurs négociateurs sont plutôt gentils, au sens premier du terme. Le terme est aujourd'hui galvaudé, il est pourtant noble dans les relations humaines.

Il ne faut pas associer « gentil » à « idiot ». On peut parfaitement avoir une approche assertive, non conflictuelle et obtenir un accord de très haute volée. D'ailleurs, les jeunes diplômés ne s'y trompent pas, ils ne souhaitent pas devenir des acheteurs *killer*. Être impitoyable en affaires comme dans Dallas, c'est *has been*.

Un dernier secret : dans nos métiers de *consulting*, plus le client est sympa, gentil, plus il obtient des choses gratuitement. Plus il est un *killer*, plus on a tendance à lui facturer la moindre ligne.

Mieux vaut une absence d'accord qu'un mauvais accord. Pour créer des ruptures dans une négociation, il importe de découvrir les « cygnes noirs », ces informations cachées et inattendues. Une fois que vous avez compris la vision du monde de votre interlocuteur, vous pouvez l'influencer.

3 | LA SEULE APPROCHE RÉALISTE EN NÉGOCIATION

RÉSISTER-ENGAGER-CONCLURE

Les mythes nous montrent qu'il n'y a pas de recette miracle pour négocier. Pour autant, il n'y a qu'une seule façon de garder votre posture de professionnel : **résister**.

La posture PEST prend ici tout son sens. Quelle que soit la demande de votre interlocuteur, vous devez résister en défendant votre offre. Imaginez que vous achetiez notre livre et que nous vous proposions de le négocier. Si nous acceptions votre première demande de remise de 30 %, que penseriez-vous au plus profond de vous-même ? « J'aurais dû demander plus. » Donc, cela donne une image négative de notre produit. En revanche, si nous défendons notre offre avant de faire un effort, car nous ne disons pas qu'il ne faudra pas en faire, vous aurez le sentiment de faire le bon choix.

Lorsque vous négociez, vous pouvez fournir un effort en fonction de vos possibilités, en verrouillant la vente avant l'effort : c'est la phase **engager**. Si votre interlocuteur accepte ou valide la phase d'engagement, vous pouvez naturellement **conclure** la vente.

Certains demanderont une contrepartie, d'autres non. Il n'y a pas de réponse miracle selon les situations, les marchés, les enjeux, les interlocuteurs.

Les trois étapes – résister, engager, conclure – ont fait leurs preuves et répondent également aux standards de la négociation raisonnée d'Harvard qui est une méthode éprouvée dans le monde entier.

DÉJOUER LES PIÈGES DES ACHETEURS

Notre ouvrage répertorie les réponses aux principales objections. Les acheteurs ont également un répertoire pour mieux négocier ou essayer de déstabiliser leurs interlocuteurs. Ces stratégies sont au nombre de sept.

1. La stratégie de la rumeur, vraie ou fausse : je communique une information sur l'offre de mon commercial.
2. La stratégie du volume : je rappelle le volume que je peux acheter.
3. La stratégie de la concurrence : je rappelle à mon interlocuteur que j'ai d'autres offres.
4. La stratégie de la sanction : j'annonce à mon interlocuteur que si nous ne trouvons pas de solution, il perdra le compte.
5. La stratégie de l'influence : je rappelle que j'ai un pouvoir dans notre groupe ou dans un cercle d'influence.
6. La stratégie de l'urgence : je rappelle à mon interlocuteur que l'offre doit arriver le plus vite possible.
7. La stratégie du silence et du non-verbal : je montre par ma posture mon mécontentement.

Lors de la phase de préparation de votre entretien, vous pouvez imaginer votre interlocuteur utiliser ces stratégies et donc les préparer.

Voici notre dernier conseil : nous avons vu de nombreux champions de la négociation en action. Leur qualité première ? Le naturel. Il ne faut pas chercher forcément à « négocier » mais plutôt à « échanger », avec une posture empathique et ouverte. Cela ne s'oppose en rien à la défense de votre offre.

6 CHAPITRE Oser conclure

Imaginez… vous avez brillamment suivi tous nos conseils lors des précédentes étapes, vous arrivez en bout de course et… vous bloquez. Comment (enfin) conclure et engager ?

Cela va peut-être vous étonner (ou pas) mais il est assez fréquent de constater ce type de blocage chez les commerciaux que nous accompagnons au quotidien.

Et c'est normal si, vous-même, vous vous laissez envahir par vos propres émotions et notamment la peur de recevoir un « non ».

Permettez-nous de partager une étude d'Harvard, une des plus longues jamais menée, portant sur le secret du bonheur. Pendant plus de soixante-dix ans, des chercheurs ont suivi plus de 700 femmes et hommes issus de divers milieux sociaux et économiques afin de déterminer ce fameux secret du bonheur.

Et savez-vous ce qu'ils ont découvert ?

Le secret du bonheur est… le lien social, c'est-à-dire notre relation avec les autres. Ce qui explique une aversion ancestrale : le rejet.

Et savez-vous ce qu'il se passe dans notre cerveau lorsque nous nous sentons rejeté ?

La zone de notre cerveau qui est précisément celle qui traite la douleur physique s'active.

Alors, ne pas oser conclure en craignant que votre client vous dise non, avec le risque de vivre cela comme un rejet est parfaitement compréhensible.

L'objectif de ce chapitre est de vous faire vivre ce moment autrement.

Plus personne aujourd'hui ne souhaite être perçu comme un commercial arrogant et agressif. Et aucun client ne souhaite se retrouver agressé ou forcé. Ce qui n'aurait jamais dû être acceptable ne l'est plus du tout aujourd'hui.

Nous sommes régulièrement sollicités pour construire des formations sur le *closing* et nous n'y croyons pas car le *closing* est juste la conséquence de l'entretien commercial complet, donc des pages précédentes. Oser conclure, qui est le vrai sujet, est traité dans le chapitre 7. Nous pouvons ajouter deux idées de fond.

1. Si vous ne le faites pas, d'autres le feront pour vous. Vos clients sont les prospects de vos concurrents et vice versa. Nous avons tous vu un jour un client régulier acheter un produit chez notre concurrent car il ignorait que nous proposions le même.
2. Quel est le risque d'oser conclure : qu'on vous dise non ? Sincèrement, il y a beaucoup plus grave que d'entendre un « non ». C'est même une large partie de votre job. Une nouvelle fois, votre valeur ajoutée réside bien dans votre capacité à convaincre, à influencer à aller chercher des « oui ». Et donc, mécaniquement, vous allez subir des « non ».

De notre point de vue, il n'est plus utile de chercher à utiliser l'une ou l'autre technique de vente mais juste de faire une synthèse de l'entretien à la fin de celui-ci en laissant votre interlocuteur se positionner.

EXEMPLE :

« Monsieur, nous nous sommes dit que vous mettriez donc 200 €/mois sur votre plan d'épargne, sur des produits garantis, avec votre épouse comme bénéficiaire en cas de décès, c'est bien cela ? »
Client : « Oui ! »
« Donc, nous pouvons commencer le mois prochain ? »
Si le client repart sur une objection, utilisez les techniques dont nous avons parlé dans ce livre.

1 LE *CLOSING* : ACCEPTER LA DÉFAITE AVEC L'EFFET *PEAK END*

Imaginez cette scène : vous êtes dans un magasin d'électroménager pour acheter une télévision. Vous n'êtes pas expert mais vous avez regardé sur Internet. Vous arrivez dans le rayon et un vendeur s'approche de vous. Vous lui expliquez que vous souhaitez un second téléviseur car vos enfants monopolisent la télévision principale avec des séries d'adolescents. Le vendeur vous pose plusieurs questions pour arriver à trois propositions de télévision. Finalement, vous avez un doute et souhaitez réfléchir. Le vendeur a donc perdu sa vente, son temps, son argent, du moins le pense-t-il. Il vous laisse repartir du rayon et retourne à son bureau. Imaginez désormais cette même scène avec un vendeur qui vous raccompagne à la porte à la fin de l'entretien en vous disant ces phrases :

« Écoutez, je comprends bien que vous ayez besoin de réfléchir, c'est normal. Sachez que j'ai été ravi de passer ce moment avec vous et de vous présenter nos solutions. Je reste à votre disposition car nous sommes ici pour cela, et je vous souhaite une belle journée. » Et le vendeur vous serre la main.

Quelle image garderez-vous de lui ? Une image « classe », qui le différencie de celui qui se sent floué d'avoir perdu du temps.

Regardez le perdant d'une finale de tennis qui fait un discours devant tout le public : il salue son confrère, le félicite, remercie son équipe, le public. Il est beau joueur. Il ne cherche pas d'excuse sur le temps, les balles, le terrain.

Il faut savoir accepter la défaite, qui peut être temporaire. En matière de vente en *B to B* ou en *B to C*, c'est la même chose, et c'est la dernière image que retiendra votre prospect.

Cela se nomme l'effet *peak end* : nous jugeons une expérience selon ce que nous avons ressenti au point culminant de l'entretien et à sa fin, plutôt que sur une moyenne de l'entretien. Lors des formations commerciales, on parle beaucoup des débuts d'entretien et assez peu des fins d'entretien. Pourtant, quand on connaît l'effet *peak end*, on sait désormais que c'est une partie essentielle de l'expérience.

2 | PRÉPAREZ VOTRE PROCHAIN ENTRETIEN AVEC L'EFFET BARBRA STREISAND ET L'INTERRONÉGATIVE

L'EFFET BARBRA STREISAND

Que vous ayez obtenu un accord ou pas, votre objectif doit toujours être de préparer en fin d'entretien votre prochain échange de manière tout à fait naturelle. Nous vous proposons pour cela deux approches.

En 2003, un photographe, Kenneth Adelman, prenait des photos sur la côte californienne afin de mener une étude sur l'érosion. Par le plus grand des hasards, il prit une photo de la maison de Barbra Streisand. Elle se sentit alors espionnée et attaqua le photographe en justice.

Mal lui en a pris puisque ce cliché, que quasi-personne n'avait vu, est devenu viral. Finalement, le fait de vouloir cacher cette information a amplifié sa visibilité. Ce biais humain semble fonctionner à merveille dans de nombreuses situations.

Comment l'utiliser dans un entretien de vente ?

Faites un *teasing* sans dévoiler l'intégralité des informations. La frustration générée par votre posture imposera à votre interlocuteur de devenir demandeur d'informations. Par exemple, en disant : « J'aimerais vous parler d'une offre qui fonctionne très bien dans votre secteur, mais je ne suis pas certain qu'elle convienne à votre entreprise. » Ou encore : « Nous avons vu que notre solution était très innovante dans votre secteur mais je vous en parlerai plutôt une autre fois. » L'effet est redoutable pour rendre votre prospect/client demandeur. Vous aurez la main pour proposer un autre rendez-vous si vous estimez que c'est nécessaire, ou pour répondre tout de suite.

LA TECHNIQUE INTERRONÉGATIVE

La seconde approche est fondée sur la technique interronégative et elle est très simple :

Vendeur : « Je ne vous ai jamais parlé de notre produit sur la télésurveillance ? »

Client : « Non. »

Vendeur : « Très bien, je vous propose d'en parler lors de notre prochain entretien, le… »

7 CHAPITRE
Le mental est votre affaire

Ce dernier chapitre s'appuie sur tout ce que nous avons eu le plaisir de partager avec vous précédemment : la richesse de notre cerveau et de ses mécanismes.
Sa recherche de sens, son besoin de lien social, son émotion fétiche qu'est la joie et son arbitrage émotionnel/rationnel dans nos prises de décision.
Ce que nous ne vous avons pas encore dit c'est que cette machine complexe est férue d'apprentissages et fait preuve d'une incroyable plasticité. Il a été prouvé qu'à tout âge votre cerveau est capable d'apprendre et de s'adapter. Et, ce qui est formidable, c'est que ces études ont également démontré que faire, ou penser faire, produisait une activation cérébrale quasi identique.
N'est ce pas formidable de se dire que cette clé USB que représente notre cerveau peut-être (re)programmée pour être encore meilleur dans ce que nous faisons mais également dans ce que nous ressentons ?
De là à dire que vous nous livrons cette méthode unique pour y arriver… il n'y a qu'un pas.

1 AVOIR UN MENTAL À BON NIVEAU, EST-CE QUE CELA SERT LE *BUSINESS* ?

Le mental, ce mot fourre-tout, est un concept assez nébuleux. C'est une forme d'optimisme à l'opposé de la naïveté candide comme le souligne Philippe Gabilliet, célèbre conférencier français.

« Il a un bon mental », « Il n'a pas de mental » sont des phrases entendues dans le monde du sport professionnel et dans celui de l'entreprise. En premier lieu, soyons conscients qu'à la base, nous avons tous un bon mental. Vers l'âge d'un an, vous avez essayé de marcher… et vous êtes tombé. Un bébé tente et retente ce geste évident pour l'adulte. Il subit de nombreux échecs mais continue d'essayer pour réussir. Avez-vous déjà vu un bébé arrêter d'essayer de marcher parce qu'il avait vécu plusieurs échecs ? Non ! Donc, dès notre plus jeune âge, nous possédons tous un mental pour résister aux échecs.

De nombreuses études montrent que l'optimisme impacte la performance. La plus célèbre des études sur les ventes a été menée par Martin Selligman, chercheur en psychologie. Il a précisément étudié le sujet de l'optimisme dans une compagnie d'assurances auprès de 200 vendeurs. Les 100 vendeurs les plus optimistes généraient 37 % de ventes en plus au bout de deux ans. Ils étaient également plus fidèles.

À titre individuel, être capable de garder un mental de gagnant est également un facteur de succès déterminant. Fiona Fairhust, cheffe de produit chez Speedo, en a fait la démonstration concrète sur la base d'une demande complètement abstraite. Son patron lui a demandé un jour de fabriquer un maillot de bain qui ferait gagner les nageurs. Pour le commun des mortels, cette demande est complètement folle, car un tel produit n'existe pas ! Fiona a cherché ce qui allait vite sous l'eau. Lors de ses recherches, elle a découvert que les requins se déplaçaient très rapidement. Elle est donc allée dans un musée pour toucher la peau d'un requin, qui était rêche. Puis en échangeant avec un militaire, elle a compris qu'une torpille, au-delà de la propulsion, devait être très serrée. Elle a donc imaginé un maillot de bain taillé dans un tissu rêche, très serré. Qu'imaginez-vous que les nageurs sous contrat avec Speedo ont pensé lors du premier essai ? Ils ont détesté... Mais lors des Jeux olympiques suivants, 83 % des nageurs portaient le fameux maillot Speedo.

2 | FAIRE DE SON MENTAL UN ALLIÉ AVEC LA MÉTHODE PREFERA

Alors, comment faire pour avoir un mental combinant optimisme et capacité à relever les défis, comme Fiona ?

Nous avons développé une approche autour du mental testée par les sportifs professionnels et le monde de l'entreprise. Cette méthode s'articule autour du modèle PREFERA. Cet acronyme reprend les différents leviers permettant de développer durablement un mental performant : plaisir, raison d'être, échange, forme, exigence, réussite, amour de soi. Nous vous recommandons d'écrire votre plan d'actions PREFERA car ceux qui écrivent augmentent leur taux de succès final. Évidemment, nous ne livrons qu'une synthèse de la méthode générale pour vous aider concrètement à réussir en toute autonomie.

AU COMMENCEMENT ÉTAIT LE FLOW

Le psychologue Mihály Csíkszentmihályi a dédié sa vie à l'étude de la psychologie du bonheur et du bien-être, et conclut que le bonheur est directement lié à l'état de *flow*, c'est-à-dire l'état mental qu'une personne atteint lorsqu'elle est totalement plongée dans une action.

Il écrit : « Les meilleurs moments dans notre vie ne sont pas les moments passifs, réceptifs et relaxants... Les meilleurs moments se produisent généralement lorsque le corps ou l'esprit d'une personne est poussé à ses limites dans un effort volontaire pour accomplir quelque chose de difficile et digne d'intérêt. »

Il étudie ainsi des sportifs ou artistes en pleine production de leur art. Les sportifs évoquent souvent cet état de fluidité où les choses semblent se dérouler naturellement, avec facilité, alors qu'ils sont dans un moment d'engagement physique intense.

Mihály Csíkszentmihályi observe que cette expérience optimale de concentration et d'engagement procure des sensations et des émotions positives qui deviendront d'excellentes sources de motivation. Le plaisir est donc un élément moteur quand nous avons des défis à relever. Il est directement lié à notre état émotionnel, qui va lui-même impacter notre propre efficacité dans l'action.

Quels sont les leviers sur lesquels agir pour optimiser votre gestion émotionnelle ?

Nous allons pouvoir travailler sur deux axes :

1. Savoir reconnaître l'état mental dans lequel vous êtes, assez finement, et pas seulement en positif ou négatif.
2. Agir sur cet état mental pour rester adapté à la situation dans laquelle vous vous trouvez.

Par exemple, vous pouvez être dans un état mental positif, assez détendu, serein et tranquille, adapté à une situation de repos mais probablement inadapté à une situation de défi. Dans ce cas, il sera nécessaire d'augmenter votre activation pour être performant dans l'action. Pour y arriver, vous aurez besoin au préalable d'être conscient de votre état initial afin d'être capable d'en changer.

Ce graphique, inspiré des travaux de Mihály Csíkszentmihályi, met en évidence les différentes zones de pression plus ou moins propices à l'action performante.

Le profil FLOW

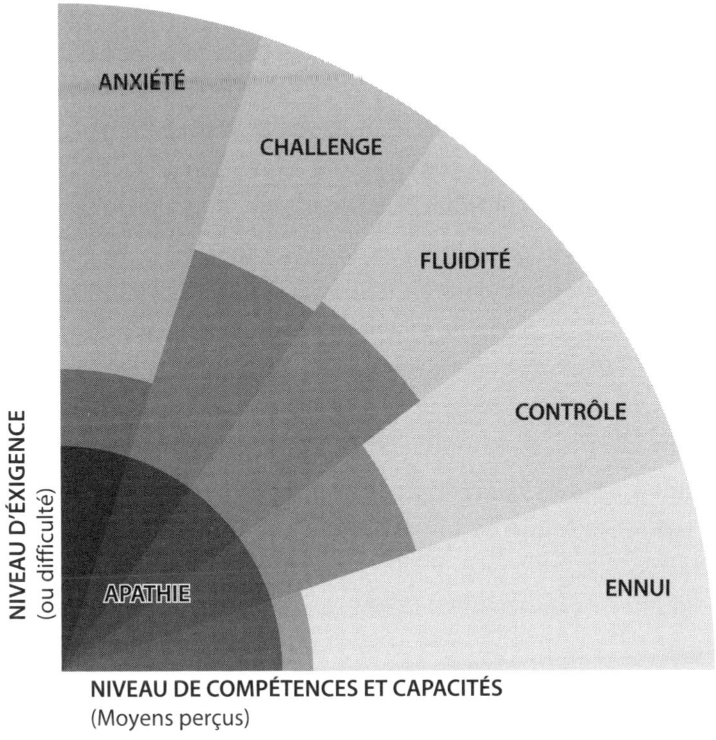

Le rapport entre le niveau de challenge d'une situation, c'est-à-dire entre la difficulté perçue que nous nommons l'exigence dans le graphique et le niveau de compétences et de capacités que vous vous attribuez pour faire face à la situation, va vous positionner dans différentes zones possibles.

Trois d'entre elles sont des zones vertueuses porteuses de plaisir et d'action performante et trois sont des zones hasardeuses, que l'on cherche à éviter autant que possible, même s'il est normal d'y faire des sauts de temps en temps.

Focus sur les zones

Les zones vicieuses

- **J'estime que mes compétences ou mes capacités face à une exigence estimée forte sont faibles :** je risque de basculer dans une zone **d'anxiété** importante, source de stress, dans laquelle je perdrai mes moyens et ne serai pas efficace dans l'action. Dans cette zone, l'incertitude est trop grande, je perds le contrôle de la situation.
- **J'estime que mes compétences ou mes capacités sont très fortes face à une exigence qui me paraît faible :** je risque de basculer dans une zone d'**ennui**, qui elle non plus ne sera pas propice à l'expression de mon potentiel. Cette zone peut cependant être ponctuellement source de confort si elle ne dure pas, et permet de se ressourcer entre deux périodes d'action, par exemple. Elle peut donc avoir un côté positif, tant qu'elle est brève.
- **J'estime que mes compétences ou mes capacités sont faibles face à une exigence faible ou inexistante :** je risque de basculer dans la zone d'**apathie**. Elle fait souvent suite à une période d'anxiété trop longue ou trop intense, ou une période d'ennui qui dure, à l'issue de laquelle je risque de perdre conscience de mes propres ressources. Cette zone d'apathie est souvent synonyme de forte démotivation.

Les zones vertueuses centrales

- **J'estime que mes compétences ou mes capacités correspondent à une exigence qui me paraît accessible :** je me sens en confiance et engagé dans l'action, et me situe donc en zone de **fluidité**. Le niveau d'exigence peut être élevé mais les ressources associées le seront aussi. C'est dans cette zone que je me sentirai le plus immergé naturellement dans l'action, avec facilité et en confiance. Cet équilibre optimal procure contrôle, plaisir et concentration optimale dans l'action.
- **J'estime que mes compétences ou mes capacités sont légèrement inférieures à l'exigence :** je prends plus de risques mais ma motivation en est boostée et mon engagement est élevé, car je me situe en zone de **challenge**. J'y tente plus de choses, j'y commets donc plus d'erreurs aussi. C'est également une zone voisine de celle de l'anxiété et j'y ressens des symptômes de stress, comme avant un entretien à enjeux. Certains parlent

de « stress positif ». Ce stress est en effet propice à l'action, il mobilise sans faire perdre ses moyens, et les manifestations de ce stress sont d'ailleurs différentes de celles du stress ressenti dans la zone d'anxiété.

- **J'estime que mes compétences ou mes capacités sont supérieures à l'exigence :** la confiance y est élevée, l'activation plus basse, je vais plus y chercher l'action parfaite ou l'action automatisée en étant dans une zone de **contrôle**. Cela peut aussi être une zone de confort, à faible prise de risques, adaptée aux situations à faibles enjeux. Le point de vigilance sera justement de ne pas basculer dans une zone d'ennui, avec une chute d'attention trop importante qui serait source d'erreurs.

Bien sûr, l'auto-évaluation de chacun est très subjective. Chacun percevra, avec son propre cadre de références et ses convictions, le niveau de difficulté et de ressources. Dans ce contexte, une des clés de l'accès au *flow* sera justement de croire en ses propres capacités, ce qui reviendra, dans notre modèle, à muscler l'ensemble des leviers PREFERA. L'objectif sera de renforcer l'estime de soi mais aussi de créer des process d'accès à la fluidité par une amélioration de la concentration, de l'activation émotionnelle et énergétique, tout en ayant des objectifs clairs et qualitatifs.

LA MÉTHODE PREFERA

P comme plaisir

Derrière la notion de plaisir, il y a également le déplaisir. Et pour bien comprendre ces notions, nous devons améliorer notre propre conscience de nous-mêmes au quotidien.

Exercice n° 1 : les vigies émotionnelles

Cet exercice a pour objectif de faciliter la conscience de soi à un moment M pour rester dans les zones optimales d'action.
Nos ressentis passent par nos sens, nos pensées et nos comportements. Vous pourrez dresser la liste des vôtres dans le tableau ci-dessous.
Nous attirons votre attention sur l'importance de la distinction entre les zones d'anxiété et les zones de challenge. Les manifestations de stress sont présentes dans le challenge et dans l'anxiété, mais ne sont pas les mêmes.

■■■

■■■

Afin d'identifier vos indicateurs de stress, vous pouvez vous poser les questions suivantes :

- *Quand la séquence de stress démarre, quels sont mes premiers « symptômes » ?*
- *Quand le stress augmente plus fort, quels sont les nouveaux symptômes ?*
- *Parmi ces indicateurs de stress, lesquels sont acceptables et relèvent d'un stress porteur pour une action (zone de challenge) et lesquels sont des indicateurs d'un stress qui devient pénalisant pour ma performance (zone d'anxiété) ?*

Il est normal de ressentir une forme de stress avant une action à enjeu, comme le dirait un acteur à propos de son trac. L'absence totale de stress est souvent synonyme de sous-activation ou d'excès de confiance.

Repenser à des situations vécues pourra vous aider à remplir ce tableau.

Outil : Les vigies émotionnelles

Zone	**Vigies**		
	Ce que je ressens physiquement	**Ce que je me dis**	**Mes comportements typiques**
Fluidité			
Challenge			
Contrôle			
Anxiété			
Ennui			
Apathie			

Exercice n° 2 : le bilan émotionnel de ma journée ou d'un événement

Vous pouvez affiner cette reconnaissance de vos états mentaux en faisant un bilan émotionnel de votre journée ou en débriefant une action :

- *Qu'ai-je ressenti aujourd'hui et à quel moment ? Je cherche à enrichir mon vocabulaire, ma palette de descriptifs émotionnels.*
- *Je peux aussi régulièrement me demander comment je me sens. Est-ce que mon état mental est approprié à la situation actuelle ?*

Nous vous proposons de remplir le tableau ci-dessous.

■■■

Outil : Tableau du bilan émotionnel

MOMENT	7 h	8 h	9 h	10 h	11 h	12 h	13 h	14 h	15 h	16 h	17 h	18 h	19 h	20 h	21 h	22 h
Anxiété																
Challenge																
Fluidité																
Contrôle																
Ennui																
Apathie																

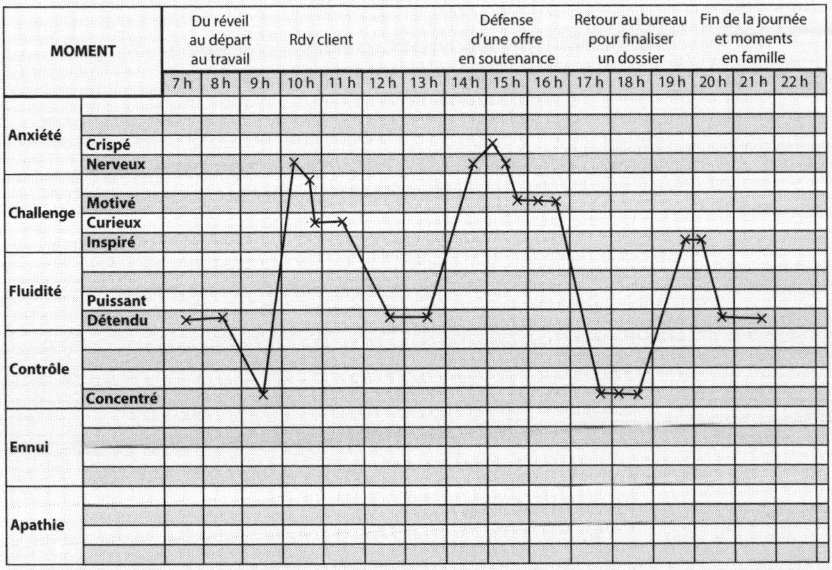

■■■

Maintenant que votre conscience de vous-même est plus fine, vous allez chercher à avoir un impact sur votre état mental, pour pouvoir l'ajuster en fonction des situations. Et pour cela, vous avez besoin de construire un référentiel émotionnel.

Pour construire ce référentiel émotionnel, replongez-vous dans vos meilleurs moments de réussite et de bonheur, et recherchez également les états mentaux dont vous pourriez avoir le plus besoin.

Par exemple : *j'ai vécu une situation de négociation dans laquelle je me suis senti particulièrement performant, charismatique et persuasif, je vais me la remémorer pour m'imprégner des différentes sensations, booster ma confiance et, plus tard, rappeler cet état mental.*

Ou encore : *je me dirige vers un entretien avec une personne dont je sais qu'elle est particulièrement calme et posée alors que je suis plutôt d'un naturel rythmé et incisif. Je dois alors activer mon état mental « calme et posé », que j'ai enregistré en imagerie mentale, pour adopter une attitude adaptée à la communication de cet entretien.*

Exercice n° 3 : construire son référentiel émotionnel

Outil EMO : État mental optimal

Exemples	Situation de référence ancrée	Sensations et ancrage	Utile dans quelle situation ?
Convaincant	Entretien avec mon N + 1	Ma voix est ferme et posée. Ma posture physique, sensation dans le dos.	Chaque fois que j'ai besoin de faire passer une idée.
Puissant	Soutenance devant des clients	Ma voix est dynamique et mes mains portent mon discours.	Quand je me retrouve devant plusieurs interlocuteurs.
À l'écoute	En cas de prospection	Ma voix est en mode silence. Je m'autorise juste des relances non verbales.	Quand je me retrouve devant une personne qui présente son besoin.

Ce référentiel émotionnel aura besoin des techniques de *switch* pour être pleinement utilisé : pour passer d'un état mental à un autre, vous passerez par votre ancrage, qui peut être visuel, auditif ou kinesthésique.

Par exemple : *j'ai vu un prospect il y a un an qui m'a fortement déstabilisé. Je n'ai pas envie d'aller le revoir, mais c'est un prospect important et mon manager me pousse à y aller. Avant d'aller voir ce prospect, je vais me mettre dans un état émotionnel positif, allant chercher des exemples de situations vécues similaires. Je prépare également la réponse et la posture PEST à adopter face à ses deux premières attaques qui ne manqueront pas d'arriver.*

Exercice n° 4 : la cocotte-minute

Lorsqu'on reçoit une objection, par exemple, on ressent un moment de déstabilisation émotionnelle qui peut prendre différentes formes. Certains se sentiront agacés, voire en colère, d'autres stressés et plutôt dans la crainte de la suite ou même découragés, ne sachant plus comment sortir gagnants de l'échange.

Un des enjeux est de réussir à rester dans un état mental optimal pour garder toutes ses capacités et répondre sur un ton adapté avec un contenu pertinent.

S'il est possible de faire une pause, le protocole suivant pourra être mis en place. Cet exercice se déroule en trois étapes.

1. *Tout d'abord, je m'isole pour évacuer ma contrariété, par exemple en soufflant fort, en criant, ou en déchirant ou froissant un papier.*
2. *Ensuite, je prends quelques respirations qui m'apaisent, avec le bas du ventre, en ralentissant le rythme. Je suis attentif à relâcher les muscles de mon corps.*
3. *Enfin, je me reconcentre sur l'action. Quel est mon objectif ? Comment concrètement répondre le plus efficacement possible à cette objection ?*

Ce protocole, une fois qu'il est assimilé, peut se faire très rapidement, en moins de 30 secondes (10 secondes par étape).

Il n'est parfois pas possible de s'isoler. On est dans l'action et on doit y rester. L'autre est présent, on ne peut donc rien faire qui se verrait pour gérer nos émotions. Pour faire face à ces situations, le référentiel émotionnel permettra de switcher, c'est-à-dire de passer d'un état émotionnel à un autre.

Exemple : *ai-je juste besoin de me calmer ou est-ce que je préfère basculer vers un EMO (état mental optimal) convaincant ?*

Le protocole pourrait être le suivant : *je suis attentif à rester physiquement relâché tout en continuant à être dans l'écoute. Je veille à rester détendu au niveau du visage, des épaules et si possible de l'ensemble de mon corps. Je peux prendre quelques respirations abdominales car elles ne se verront pas. Je switche vers mon EMO souhaité, par exemple en reprenant la posture physique de mon ancrage. Je réponds.*

R Comme raison d'être

Vous êtes d'autant plus efficace dans une action que cette action a du sens pour vous. Le sens est aujourd'hui mis à toutes les sauces et c'est pour cela que nous l'avons nommé « raison d'être ».

Interrogez-vous sur ce qui est source d'épanouissement dans votre métier et demandez-vous quelles valeurs sont importantes pour vous : cela renforcera votre motivation. Au Japon, on appelle cela les *ikigai*. L'histoire raconte que ceux qui ont des *ikigai* solides vivent plus heureux et plus longtemps.

Exercice n° 1 : formaliser ses raisons d'être avec le sensomètre

Voici un tableau à remplir pour connaître votre raison d'être.

Outil : le sensomètre

Les centres d'intérêt qui m'épanouissent profondément ET ce qui me prend du temps même si cela ne m'intéresse pas	Pourcentage de temps attribué à chaque ligne (total : 100)	À quel point cela est positif pour moi, m'apporte du plaisir. De 0 à 5 (0 : aucun plaisir, 5 : beaucoup de plaisir)	Concrètement, quelles sont les actions liées à ce centre d'intérêt ?	Mon nouvel objectif temps

Vous pouvez remplir le sensomètre de deux façons :

- La première approche concernera la prise en compte de votre vie dans sa globalité et intégrera donc les dimensions professionnelle et personnelle. En colonne 1, vous listerez l'ensemble de vos centres d'intérêt et des activités qui vous prennent du temps.
- La deuxième approche consiste à vous restreindre au champ professionnel. En colonne 1, vous vous questionnerez alors sur ce qui vous passionne dans votre métier et tout ce qui vous prend du temps également.

Ensuite, vous continuerez à remplir le temps consacré, les actions concrètes au quotidien, à évaluer le plaisir et enfin à rééquilibrer le temps passé pour chaque centre d'intérêt si besoin.

Vous pouvez aussi plus globalement vous poser ces questions : *qu'est-ce qui contribue à m'épanouir et me faire grandir dans mon exercice professionnel ? En quoi ce métier est-il positif pour moi ?*

Le but de cet exercice est de prendre conscience de ce qui vous motive vraiment et d'y consacrer plus de temps pour développer bien-être et efficacité. Évidemment, tout n'est pas possible : on ne peut pas supprimer tout ce qui nous pèse et c'est normal. Dans tous les métiers, il y a des choses pénibles à réaliser pour atteindre ses objectifs. Dans la vie privée, il y a également toujours des tâches qui ont moins d'intérêt. Mais l'idée est de desserrer un peu l'étau pour se réaligner avec ses raisons d'être.

Exercice n° 2 : clarifier ses valeurs

Quelles sont vos trois valeurs ? Nous ne sommes pas dans un entretien de recrutement mais la réponse est pourtant fondamentale.
S'interroger sur ses valeurs est essentiel pour solidifier sa posture en toutes circonstances.
Vous pouvez vous poser les questions suivantes :

1. *Quelles valeurs me portent et sont un moteur pour moi ?*
2. *Quelles valeurs me déstabiliseraient si elles n'étaient pas respectées ?*
3. *Avec quelles valeurs suis-je moins à l'aise et quelles sont celles qui pourraient même créer une aversion chez moi ?*

Cet exercice favorisera votre prise de recul face à des situations potentiellement déstabilisantes. Votre gestion émotionnelle en sera ainsi facilitée.

Exercice n° 3 : se projeter grâce au *flash forward*

C'est le nom d'une série qui n'a pas fonctionné, contrairement à l'outil que nous vous proposons ici et qui est fondé sur le principe de la visualisation positive. Il s'agit de faire l'exercice suivant : je me projette dans quelques années, j'estime avoir réussi ma carrière professionnelle ; qu'est-ce que j'ai fait pour en arriver là ? Qu'est-ce qui a été important, essentiel sur ce chemin ?
Que faire si vous n'arrivez pas à répondre à ces questions ? Si vous percevez votre métier comme alimentaire et dénué de sens ? Ou alors si certaines valeurs portées par votre secteur ou votre organisation ne sont pas alignées avec les vôtres ?
Cette situation existe, tout le monde n'est pas passionné par son travail ou complètement aligné avec les valeurs du secteur. Il sera alors primordial d'être conscient du but servi. Le sens est ailleurs, et il peut aussi être source de motivation. Par exemple, la famille ou une passion. Pour ceux qui sont mal à l'aise avec cette idée, nous le comprenons et nous le constatons tous les jours. Nombre de personnes n'ont pas de motivation à leur travail mais ont une motivation énorme le soir pour entraîner un petit club, aider une association… en résumé, s'engager pour une cause qui leur tient à cœur.

E comme échange

Il y a ici un paradoxe : nous croyons que, pour avoir un bon mental, il faut avoir une bonne capacité de communication. Il y a des contre-exemples : un sportif imbuvable mais très performant, la star – collaborateur ou manager – dans une entreprise qui manque d'humilité et n'écoute pas… Ces contre-exemples ne tiennent pas la route pour la majorité, et le sujet de ce livre, autour de la vente, ne permet pas d'accepter que l'échange ne soit pas l'un des éléments fondamentaux d'un mental performant.

Nous avons déjà évoqué dans ce livre des approches autour de l'échange, notamment la posture PEST ou la notion de confiance. Pour autant, notre propre capacité à échanger efficacement est directement liée à notre performance mentale individuelle. Ainsi, un des prérequis d'une communication efficace sera d'être déjà au top mentalement.

Pour communiquer efficacement, j'aurai besoin :

- d'être dans le bon état mental pour me synchroniser avec l'interlocuteur ;
- d'être suffisamment relâché pour rester fluide ;
- de savoir identifier mes filtres de perception pour rester dans une véritable écoute ;
- d'avoir des objectifs clairs pour structurer ma communication ;
- d'être concentré sur le moment présent pour être pertinent dans mes messages ;
- de croire en moi et en mon discours pour m'affirmer et déployer une attitude impactante.

Ces différents points sont traités dans d'autres items PREFERA.

F comme forme

On entend par forme tout ce qui touche à l'énergie physique. Les sportifs de haut niveau sont aux yeux de tous des modèles aux capacités physiques exceptionnelles. Il est communément admis qu'ils sont très attentifs à leur condition physique en surveillant leur alimentation, leur sommeil et en ayant un entraînement physique de qualité. Aujourd'hui, ils utilisent même des dispositifs de mesure permanent de leur état de forme pour ajuster au mieux leur entraînement.

Aujourd'hui, la culture nord-américaine accorde une place importante à l'état de forme, au travers de la pratique d'une activité physique notamment. C'est d'ailleurs assez paradoxal vu les problèmes de poids que connaissent les Américains, par exemple.

On peut se poser la question de l'impact de l'état de forme sur les performances plus intellectuelles et moins physiques de premier abord. Plusieurs chercheurs se sont ainsi intéressés au lien entre exercice physique et intelligence.

L'exercice physique préserve les neurones et en stimule la production. En déclenchant la sécrétion d'une protéine améliorant la neurogénèse dans l'hippocampe – zone du cerveau jouant un rôle majeur dans la mémoire et l'apprentissage –, l'activité physique contribue à améliorer ses fonctions. John Ratey, professeur de psychiatrie à Harvard, qualifie cette molécule d'« engrais miracle du cerveau ». C'est particulièrement vrai pour l'exercice aérobie, c'est-à-dire un entraînement peu intense qui peut être maintenu pendant une période prolongée, quelle que soit la discipline sportive pratiquée.

Dans le cadre d'un entretien de vente, il est évidemment plus facile d'être à l'aise quand on est en pleine forme. Un niveau d'énergie bas peut vous rendre plus à fleur de peau émotionnellement et ainsi vous inciter à répondre de façon inappropriée à certains messages. Cela vous rend également moins clairvoyant et lucide, et donc moins pointu dans votre propre communication.

Dans le mot « forme », nous entendons donc le fait d'être au top énergétiquement parlant, grâce à un équilibre de vie adapté, un sommeil qualitatif et suffisant, une alimentation saine et la pratique d'une activité physique. Nous incluons également tout ce qui touche à notre état énergétique à un moment M, ce qui va permettre de nous économiser mais aussi d'être plus fins sur nos ressentis et notre gestuelle grâce à des techniques de relâchement et de relaxation.

Le relâchement permettra de recruter seulement l'énergie nécessaire à une action – ni plus, ni moins. Se relaxer permet de se ressourcer entre deux actions.

Nous avons naturellement tendance à utiliser plus d'énergie que nécessaire. Par exemple, dans une situation de communication, vous pourriez être légèrement crispé et tendre certaines parties de votre corps inutiles à votre posture. Cela a un double impact négatif : le gaspillage d'énergie et les conséquences sur votre communication non verbale. En vous crispant, vous envoyez un message à votre interlocuteur, qui risque de vous percevoir comme étant moins sûr de vous, moins compétent, plus hésitant, plus agressif, moins à l'écoute, etc.

Se relâcher dans l'action est relativement facile à apprendre. Il suffit d'y penser et de s'entraîner à le faire. Là, par exemple, vous pouvez faire une courte pause dans votre lecture et, tout en restant dans votre position, chercher à relâcher tous les muscles inutiles à votre posture. C'est fait ? Vous venez de vivre un ressenti de relâchement flash, que vous pourrez reproduire dans d'autres situations. Petit à petit, vous serez de plus en plus à l'aise et vous y arriverez tout en continuant votre action. Vous pourrez essayer de nouveau d'ici une dizaine de pages tout en continuant à lire. Il faudra vous entraîner plusieurs fois par jour à ces relâchements flash dans différents types d'actions pour ensuite les réaliser dans des situations d'échange, sans que cela attire l'attention. Ce n'est que de l'entraînement.

Au contraire du relâchement, la relaxation se pratique en dehors de toute action et permet de récupérer. Il s'agit de vous accorder 10 à 20 minutes de coupure au cours desquelles vous pourrez pratiquer la méditation, la visualisation ou d'autres techniques corporelles qui vous permettront de profondément vous détendre et vous recentrer sur vous-même, vous mettre dans une bulle. Certains pratiquent aussi des micro-siestes. On peut simplement écouter de la musique relaxante tout en fermant les yeux. Ces techniques sont puissantes pour récupérer. Elles sont d'ailleurs à éviter à proximité d'une action car elles peuvent endormir et « désactiver ». Certaines personnes s'en servent toutefois pour gérer un stress trop élevé, mais cela nécessite d'avoir un protocole bien entraîné de réactivation.

Nous avons déjà évoqué précédemment l'activation à propos de l'état émotionnel. Didier Delignières, psychologue du sport, dit de l'activation : « La notion d'activation désigne classiquement le degré d'activité de l'organisme, selon un continuum qui irait du sommeil à la veille, puis à la veille attentive et au stress. L'activation représente la dimension intensive, énergétique du comportement. »[1] Elle va dépendre de notre état émotionnel et de notre état énergétique. Aussi, il peut être pertinent, avant une action importante, de switcher vers un état mental cible en combinant le switch émotionnel à une activation énergétique. Parfois, quelques respirations rapides suffisent ; certains feront de petits sauts ou des gestes rapides.

---

1. *Psychologie du sport*, Que sais-je ?, 2020.

Les sportifs jouent beaucoup avec ces changements de rythme. Souvent, ils essayent de ralentir le rythme, de créer un vide les jours précédant une compétition, pour susciter l'envie et la hâte d'y aller, et juste avant l'action, ils déploient l'énergie au travers d'actions rythmées pour s'échauffer.

Pour préserver son niveau d'énergie, on peut aussi partir à la chasse de tout ce qui nous en fait gaspiller. Posez-vous les questions suivantes : *au quotidien, qu'est-ce qui me fait perdre de l'énergie inutilement ? Et que puis-je faire pour modifier cela ?*

Exercice n° 1 : Identifier les pertes d'énergie inutiles avec le gaspillomètre

Il s'agit d'identifier les pertes d'énergie inutiles et de chercher des solutions pour y remédier. Remplissez le tableau de la dernière semaine ou recherchez les pertes d'énergie classiques et récurrentes.

Outil : le gaspillomètre

Pertes d'énergie inutiles des ... derniers jours	Actions pour y remédier si cela se présente à nouveau
Je reçois des mails par notification.	Je désactive les notifications et je traite mes mails toutes les 90 minutes.
Un collègue me sollicite toujours en urgence.	Je lui explique que je suis ravi de l'aider mais qu'il doit anticiper ses demandes.
Un client me demande une commande en urgence.	Je traite sa demande et lui explique le risque pour lui de faire cela en permanence.

Pour conclure sur ce sujet, nous recommandons généralement de refuser les notifications sur les téléphones pour faciliter la concentration. Sur ce sujet de la forme, nos téléphones, nos montres connectées permettent de suivre régulièrement nos efforts : la marche, le repos, le sommeil… S'il y a bien une notification à accepter, c'est celle-ci, en faisant le lien avec la lettre suivante et en se fixant un objectif.

E comme exigence

L'exigence se construit à partir de la motivation, de l'engagement et de la persévérance pour atteindre ses objectifs. Des objectifs deviennent atteignables quand la préparation est optimale.

La motivation se crée grâce à des objectifs bien fixés. Or, seuls 22 % des objectifs de début d'année, autrement dit ce qu'on appelle communément les « bonnes résolutions », sont tenus. Surprenant de voir que des objectifs que nous nous fixons pourtant nous-mêmes ne sont pas atteints, voire abandonnés, dans quatre cas sur cinq ! C'est le bilan de l'étude du psychologue Richard Wiseman, qu'il évoque notamment dans son livre *59 secondes pour prendre les bonnes décisions*[1].

Le concept de management par objectifs a été défini en 1954 par Peter Drucker. La méthode consiste à identifier des objectifs quantitatifs et/ou qualitatifs sur une période définie. L'Américain George Doran a été le premier à réellement utiliser l'acronyme SMART, une méthode qu'ont aujourd'hui adoptée la plupart des entreprises et selon laquelle on doit se fixer des objectifs spécifiques, mesurables, ambitieux, réalistes, temporellement définis. Par exemple : « Je dois courir le marathon en 3 heures en 2019 » ou « Tu dois avoir sept clients de plus d'ici à six mois ». La limite de cette technique est qu'elle est fondée sur la visualisation positive de l'objectif à atteindre. Or, ce n'est pas suffisant pour réussir. Cela peut même s'avérer contre-productif et diminuer les probabilités de succès. C'est la découverte inattendue qu'a faite Gabriele Oettingen, professeure de psychologie à l'université de New York et de Hambourg. Contrairement à tout ce qui était admis jusqu'alors, la visualisation ne doit pas porter sur l'objectif final et la réussite mais surtout sur les efforts que cela va nécessiter, sur les difficultés rencontrées et sur le comportement qu'il faudra adopter face aux obstacles qui se dresseront devant soi.

1. JC Lattès, 2010.

Exercice n° 1 : se fixer un objectif VROP en quatre étapes

- **Étape n° 1 : Quel est votre vœu ? Votre objectif ?** L'objectif doit dépendre de vous et être atteignable.
- **Étape n° 2 : Quel est le résultat positif que vous souhaitez obtenir ?** Quelle serait la meilleure conséquence, le meilleur résultat que vous pourriez obtenir si vous atteigniez vos objectifs ? Comment vous sentiriez-vous ?
- **Étape n° 3 : Quel sont les principaux obstacles ?** Quels sont les contraintes qui peuvent se présenter et qui risquent de vous détourner de votre but ? Par exemple : un nouveau projet ou un client à gérer, les interruptions successives au bureau, le besoin de traiter une tâche en urgence, une invitation à déjeuner, l'appel d'un très bon ami, le manque de motivation, la fatigue, des sollicitations de votre manager, etc.
- **Étape n° 4 : Faites un plan.** Que pouvez-vous faire pour surmonter ces obstacles ? Définissez une action que vous pourrez faire ou une pensée à laquelle vous pourrez vous raccrocher pour surmonter ces difficultés. « Si… (obstacle), alors je… (action ou pensée).

Exemples : si mon manager me sollicite, je lui demanderai de rendre une autre mission moins prioritaire ; si je suis sollicité par un ami pour aller boire un verre, je lui demanderai un délai de 45 minutes ; si je suis trop fatigué pour faire du sport un soir, je m'engagerai à y aller à l'heure du déjeuner le lendemain ; si j'ai envie d'une boisson sucrée, je boirai deux verres d'eau avant…

Pourquoi cela fonctionne-t-il ? Parce qu'en anticipant les difficultés, les individus se sentent moins découragés lorsqu'ils font face aux premières résistances et ils ont déjà développé des connexions neuronales pour trouver des solutions beaucoup plus rapidement.

Exercice n° 2 : réaliser une projection mentale de ses objectifs

En projetant mentalement les objectifs qu'on se fixe, on renforce la possibilité de les atteindre. Selon une étude d'Argembeau *et al.* dans la *Revue de neuropsychologie* de janvier 2016, nous pensons au futur en moyenne 59 fois en une journée. Cette aptitude à se projeter dans le futur est essentielle à la prise de décision ainsi qu'à la préparation de l'action, tant sur le plan émotionnel qu'opérationnel.

Puisque nous le faisons déjà naturellement, nous pouvons aussi systématiser la projection mentale avant une action, comme le font les sportifs avant de se lancer. Tel un skieur qui répète son tracé avant le départ, un commercial peut répéter son introduction, ses phrases impactantes, etc. C'est une façon d'échauffer le cerveau peu de temps avant l'action, idéalement dans l'heure ou la demi-heure qui précède le rendez-vous.

R comme réussite

Le monde du commerce se nourrit de la réussite. On célèbre les meilleurs performers dans les conventions, on salue les *success stories* dans les réunions, on compare les performances dans des tableaux pour montrer les meilleurs et indirectement les moins bons.

La réussite se fonde sur des résultats mais également sur des prises de risques autour de choses nouvelles que vous allez tenter. Si vous gagnez toujours de la même façon, cela devient une routine, qui ne nourrit plus votre motivation. Il est donc nécessaire de changer, de progresser, pour développer votre employabilité.

Quel que soit notre degré de compétence, nous avons tous besoin d'apprendre pour nous adapter et nous renouveler. Développer des habitudes d'apprentissage efficaces est essentiel pour ne pas rester au même niveau. En complément des bases émotionnelles et énergétiques, notre capacité à apprendre et à nous concentrer nous permet de prendre des décisions justes et relever des défis. Que souhaitez-vous apprendre pour devenir meilleur dans votre métier ? Connaissez-vous votre style d'apprentissage ? Est-ce que votre porte d'entrée est plutôt théorique ou expérientielle ? Préférez-vous procéder par essai-erreur ? Apprenez-vous mieux seul ou dans l'échange ? Utilisez-vous vos sens de façon optimale (visuel, auditif, kinesthésique) ?

Nous aimons beaucoup cette anecdote de Michael Aguilar, célèbre conférencier français et auteur : « Si un commercial dit qu'il a 15 ans d'expérience mais qu'il n'accepte pas le changement, la remise en cause, alors, il n'a pas 15 ans d'expérience, mais 15 fois un an : cela n'a rien à voir. »

Répéter mentalement un geste permet d'accélérer le processus d'apprentissage de ce geste. C'est ainsi que procèdent les sportifs pour intégrer plus rapidement de nouvelles techniques et les consolider. L'entraînement mental est alors pratiqué en complément de l'entraînement spécifique et sur plusieurs séances.

Les professeurs Majid Brouziyne et Corinne Molinaro ont également démontré l'impact immédiat de l'imagerie mentale sur la précision des coups droits et revers en tennis de table. L'effet positif était constaté chez les pongistes en une seule séance.

Il est possible de procéder de la même façon avec l'acquisition de nouvelles compétences commerciales. Au lieu d'attendre que l'expérience terrain fasse son œuvre de maîtrise d'une nouvelle compétence, il est possible d'accélérer son intégration en s'entraînant mentalement, en visualisation.

Si nous pensons au lancement d'un nouveau produit, ou d'un service, par exemple, être capable de s'entraîner mentalement permet d'ancrer le bon discours beaucoup plus rapidement.

Rien de tel pour mémoriser son discours que de combiner plusieurs modalités :

- Visualiser.
- Écrire.
- Raconter.

En visualisant une situation de réussite, je la revis comme si j'y étais en ce moment même. En l'écrivant, je pose des mots et j'explicite mes ressentis. En la racontant, je la partage avec d'autres. Rien de tel pour booster la confiance !

Il est également important d'optimiser votre concentration. La concentration est la capacité à faire porter son attention sur un sujet choisi. Maintenir la concentration sur le moment présent est une des clés de la réussite et cela nécessite une préparation.

C'est pour cette raison que les sportifs établissent des routines de pré-performance, également appelées « procédures de concentration ». Selon Singer (2002), cela leur permet de contrôler leurs émotions, leurs pensées et leur attention juste avant l'action, pour initier l'automatisme et réaliser la tâche sans attention consciente.

Si vous voulez appliquer cela à votre entretien de vente, cela implique une préparation en plusieurs étapes :

1. En amont, connaître finement le contenu des points à aborder, les écrire, les répéter, apprendre par cœur les quelques phrases de démarrage. Anticiper les erreurs ou imprévus possibles, les objections, et savoir les traiter. Le but étant de vous sentir à l'aise et en confiance par rapport au contenu abordé.
2. Mettre en place une bulle de concentration qui précède l'action : modifier votre organisation pour être dans un rapport au temps plus serein, laisser de l'espace, avoir un moment isolé pour répéter mentalement

l'action à venir, pratiquer quelques exercices de respiration pour vous relâcher, éventuellement écouter de la musique pour vous booster ou vous détendre, etc.

3. Juste avant le démarrage de l'action, switcher vers l'état mental souhaité, répéter la phrase de démarrage et vous imaginer démarrer l'action, ajuster votre activation grâce à la respiration et au mouvement. Enfin, focaliser votre attention sur une chose simple au moment où cela commence ; cela peut être une personne, une note, etc.

FOCUS SUR APPRENTISSAGE, ATTENTION ET EXPERTISE

Plus l'expertise est élevée, moins il faudra se focaliser sur le détail de la tâche.
En début d'acquisition d'une compétence, il sera pertinent de décomposer et de détailler chaque étape pour ensuite la répéter et l'automatiser.
Quand la compétence est déjà bien stabilisée, trop se focaliser sur le geste technique pourrait perturber le processus automatisé. Une approche globale sera alors adaptée chez l'expert.
Cela est particulièrement important à prendre en compte en position managériale, dans l'accompagnement des équipes pour s'adapter à chacun.

Il arrive parfois que malgré toute la mise en place en amont, l'action se clôture par un échec. Cela fait partie de la réalité lorsque l'on se challenge. Nous vous proposons la technique VAR : visualiser, accepter, revisualiser.

Exercice n° 1 : gérer un échec avec la méthode VAR

Visualiser la gravité de l'échec : cette étape porte sur l'analyse de l'action, factuellement d'abord. Se poser la question « À quel point est-ce grave ? » permet aussi de relativiser la situation.
Accepter la situation : cela est souvent plus facile à dire qu'à faire ! À la suite d'un échec, on peut ressentir de la tristesse, de la colère ou encore de la peur, et ces émotions empêchent d'accéder à l'acceptation de la situation. Il s'agira d'évacuer ces émotions par des techniques de respiration/expulsion, des mouvements, ou même un cri quand cela est possible. L'étape suivante sera de se tranquilliser grâce à des techniques de respiration abdominale ou de relâchement musculaire, voire une séance de relaxation (voir la section « forme » de PREFERA). Parler ou écrire peut aussi être une façon de se libérer de ces émotions. L'acceptation de la situation passe par le fait d'avoir un bon rapport à l'erreur, d'accepter de ne pas être parfait. Cela est en lien avec le travail des croyances abordé ultérieurement.

■■■

■■■

Revisualiser la nouvelle approche situationnelle au niveau émotionnel et agir : se projeter vers la suite, se demander : *qu'ai-je appris de cette situation ? Comment est-ce que je me projette vers la prochaine action ? Où sont mes ressources ?* Il sera alors possible d'envisager une nouvelle approche opérationnelle. L'ensemble devient une source de progression.

A comme amour de soi

L'amour de soi touche à la perception de notre identité et détermine profondément nos relations aux autres. Il est à la base de l'estime de soi. Il soutient la confiance et la capacité à s'affirmer dans l'interaction.

Une bonne connaissance de vous, de vos croyances et de vos convictions permet d'identifier vos propres filtres de perception et ainsi d'être plus disponible à l'écoute.

Plusieurs modèles d'approches de personnalité permettent d'améliorer la connaissance de soi et donnent quelques éléments de lecture du fonctionnement des autres, comme le MBTI, le Process Com ou le test DISC.

Vous interroger sur vos points forts et vos limites apporte aussi un regard complémentaire sur vous-même. C'est accepter de travailler sur vos propres faiblesses, être attentif à vos besoins, connaître vos limites et les exprimer. C'est aussi développer un discours interne positif, partager vos réussites, recevoir agréablement un *feed-back* positif, etc. L'amour de soi s'exprime également quand vous prenez soin de vous. À ce sujet, il peut y avoir des corrélations avec la forme.

Le rôle des croyances

Une croyance est une conviction qu'une personne peut avoir. Elle est indépendante de la réalité, peut porter sur elle-même, sur d'autres personnes ou plus généralement sur le monde qui l'entoure. Cette croyance peut être positive, auquel cas elle sera porteuse pour l'action, ou négative, et dans ce cas elle deviendra limitante pour l'action.

Les croyances agissent comme des filtres, qui viennent plus ou moins à la conscience de la personne qui les porte. Vous interroger sur vos propres croyances permet d'identifier celles qui sont négatives pour les déconstruire et les remplacer par d'autres positives qui viendront les contrer, et également de renforcer les positives pour vous appuyer prioritairement dessus. Cela permet de tenir sous surveillance vos propres limites, qui pourraient venir impacter la communication.

Prenons l'exemple du commercial qui pense que son produit/service est toujours plus cher que celui de ses concurrents. Cette croyance est limitante et, même si elle est juste, ce qui est très rare, elle peut amoindrir sa capacité à convaincre. L'idée est donc de transformer la croyance « Je suis toujours plus cher que mon concurrent » en « Il arrive parfois que mon concurrent soit plus cher » ou encore « Ce que j'apporte à mon client justifie cet écart de prix et d'ailleurs, j'arrive régulièrement à vendre mon offre. »

Porter une attention aux croyances sera aussi utile dans l'échange avec l'autre. Si vous vous trouvez en communication avec quelqu'un qui exprime une croyance, la communication pourrait se bloquer. Il ne faudra alors pas céder à la tentation de prouver à l'interlocuteur qu'il a tort de penser comme il le fait. Ce serait le meilleur moyen de le renforcer dans sa prise de position. La solution sera au contraire d'écouter, de reformuler avec habileté pour ne pas cautionner. En démarrant par un questionnement d'abord ouvert puis de plus en plus ciblé, vous accompagnerez tranquillement l'interlocuteur à observer les choses sous un angle différent et peut-être à modifier sa position. C'est un exercice qui demande de la patience.

3 | QU'EST-CE QUI VOUS MOTIVE SELON MURRAY ? LE SENS DE VOTRE ACTION

En complément idéal des raisons d'être se trouve la motivation. Le mental est évidemment étroitement lié à la motivation, qui est également un terme nébuleux pour la plupart d'entre nous. La motivation est ce qui nous pousse à agir. Comment savoir ce qui vous motive personnellement ? Le savoir est un formidable moteur pour se motiver durablement.

Pour ce faire, nous allons nous fonder sur les onze besoins vitaux de Murray, psychologue américain, donc nous avons parlé précédemment.

1. Acquérir : des biens, des clients, de l'argent.
2. Se dépasser : progresser, se challenger.
3. Attirer l'attention : plaire à son client, son N + 1, ses collègues, ses concurrents.
4. Dominer : sa zone, son portefeuille, ses concurrents.
5. Affilier : des clients, des collègues, des partenaires.
6. Jouer : prendre du plaisir, faire de sa journée un pari.
7. Organiser : structurer, optimiser, saturer sa zone.
8. Être reconnu : de ses clients, de son N + 1, de son entreprise, de ses pairs.
9. Admirer : être fier de ce qu'on fait, de son entreprise, de ses produits, de ses clients.
10. Résister : au marché, aux concurrents, à la tension.
11. Agresser : positivement son marché, se battre, se confronter.

Si vous deviez classer ces onze besoins en trois motivations prioritaires, quelles seraient-elles ? Quand on connaît ses motivations précisément, cela donne un sens, une direction, mais aussi une sensation d'épanouissement. Penser chaque matin à vos trois motivations profondes augmente nécessairement votre niveau d'envie et vous rappelle le sens de votre action. À l'heure où les collaborateurs cherchent du sens à leurs actions, cette méthode est un formidable outil pour se positionner afin d'aider un manager à mieux motiver ses équipes.

Conclusion

Nous voilà parvenus à la fin de notre itinéraire. Après cette lecture, vous devez vous sentir plus à l'aise avec l'entretien de vente pour les plus débutants. Pour les plus expérimentés, nous sommes convaincus que vous aurez trouvé au minimum une idée, que cela soit dans l'effet *peak end*, la reformuclusion ou la méthode VIE, la méthode ESG... Dans le cas contraire, nous sommes prêts à prendre du temps pour travailler avec vous sur certains points *via* notre site internet.

Pour toutes les objections vraisemblables, vous avez désormais à votre disposition des solutions sur la base des éléments précités. Nous rappelons naturellement l'humilité dont il vous faudra faire preuve si votre produit est réellement décalé, ce dont nous doutons. Il vous reste néanmoins un travail de fond à fournir car une nouvelle fois, si besoin était, nous vous confirmons que seul l'entraînement fera la différence sur le terrain de la vente.

Les lois de la pédagogie et de la compréhension sont difficiles à maîtriser. Il est communément admis que nous retenons 10 % de ce que nous entendons, 20 % de ce que nous lisons, et 30 % de ce que nous lisons et entendons. L'optimisation de la compréhension passe ainsi par une lecture et une relecture, puis par un entraînement oral et un entraînement écrit !

Pour terminer, nous vous proposons un ancrage. Vous allez dire : « Je me sens capable d'appliquer cette méthode » et serrer votre poing droit en fermant les yeux. Répétez cette phrase et le serrage de poing cinq fois. La prochaine fois que vous serrerez le poing, vous vous direz immédiatement et mécaniquement : « Je me sens capable d'appliquer cette méthode. » C'est une approche d'ancrage mental. Avant d'entrer dans une phase difficile avec votre client, serrez votre poing afin de stimuler vivement votre confiance.

Nous sommes à votre écoute pour toutes remarques, axes d'amélioration ou idées. Nous serions ravis d'entendre vos recommandations sur notre site : www.prefera.fr.

Bonne mise en œuvre !

Bibliographie

Aguilar Michael, *Vaincre les objections des clients*, 2e édition, Dunod, 2024.

Bricout Bastien, *Manipuler, Pourquoi et comment*, J'ai lu, 2013.

Caron Nicolas, *Vendre aux clients difficiles*, 5e édition, Dunod, 2016.

Cialdini Robert, *Influence et Manipulation*, First 2004.

Corcos Marc, *Les techniques de vente qui font vendre*, Dunod, 2016.

Cressens Denis, *Provoquez votre succès*, Le Manuscrit, 2005.

David Patrick, *La Négociation commerciale en pratique*, Éditions d'Organisation, 2000.

Denele Adrien, *Dopamine : comment fonctionne « l'hormone du bonheur ? »*, Passeport Santé, 2020.

Dugay Nicolas, *Transformez vos meilleurs prospects en clients réels*, Maxima, 2012.

Dugay Nicolas, *Devenez un champion de la négociation*, Jouvence, 2019.

Dugay Nicolas et Petitjean Ingrid, *La Préparation mentale*, Jouvence, 2014.

Dugay Nicolas, King Soon Erika, Rudelle Laëtitia et Witrant Julien, *La minute qui fait vendre*, Dunod, 2021.

Duluc Alain, Muller Jean-Louis, Pina Antoine et Vendeuvre Frédéric, *La PNL avec les mots de tous les jours*, ESF éditeur, 2008.

Murray Henry, *Exploration de la personnalité*, PUF, 1953.

Perani Jacques, *Comment progresser en communication avec la dialectique*, Éditions du Puits Fleuri, 1997.

Vendeuvre Frédéric et Beaupré Philippe, *Gagner de nouveaux clients*, 4e édition, Dunod, 2013.

www.i-memoire.com

Remerciements

Nous voulons ici remercier tous les contributeurs directs et indirects à cet ouvrage :

- Nos clients dans les différents secteurs d'intervention : de la banque à l'immobilier, en passant par l'industrie, l'automobile ou encore les services. Nous apprenons avec eux tous les jours.
- Nos coachés, du monde de l'entreprise ou du monde du sport qui nous font grandir tous les jours autour des thèmes de la performance.
- Nos familles ont également une large part de mérite dans le soutien de nos travaux.
- Notre éditeur, Dunod, et notamment Laure Duclaud et Yaël Aouizrat, qui nous ont accompagnés pas à pas dans ce nouvel opus.

Dans la même collection

Autres ouvrages de Nicolas Dugay

86546 - (I) - OSB 90° - NOC - MGS

DUPLIPRINT
733, rue Saint-Léonard, 53100 MAYENNE
N° 2989418T
Dépôt légal : avril 2024

Imprimé en France